Le Panthéon des Bonnes Gens

« SECOURONS-NOUS LES UNS LES AUTRES »

Paul FESCH

Le Panthéon des Bonnes Gens

ILLUSTRATIONS DE G. CONRAD

Librairie CHARLES TALLANDIER
PARIS — 197, BOULEVARD SAINT-GERMAIN, 197 — PARIS

Maison à Lille : 11-13, Rue Faidherbe

PRÉFACE

En parcourant les *Annales* où, chaque année, l'Académie française enregistre les actes de dévouement et de charité que les humbles et les petits accomplissent et qu'elle-même a charge de récompenser, nous avons été frappé d'une phrase d'Alexandre Dumas fils. Il parle de ces héros inconnus, de ces martyrs de la vertu : « Le souvenir de leurs bonnes œuvres, s'écrie-t-il, devrait être, avec leurs noms, gravé en lettres d'or sur des plaques de marbre dans les mairies et les écoles de leurs villages. Sur quels meilleurs tableaux les petits enfants pourraient-ils apprendre à lire et à vivre ? Et pourquoi ne le ferait-on pas ? Ce serait le Panthéon des Bonnes Gens. »

Il y avait là, tout ensemble, le plan et le titre d'un livre. Nous avons fait ce livre, le composant d'extraits choisis dans les discours sur les prix de vertu prononcés à l'Académie, depuis le commencement de ce siècle. Nous avions désiré qu'il fût, pour les générations actuelles et pour les suivantes, ce qu'avait été, pour nos pères et pour nous, l'antique *Morale en action*. Aussi, en avions-nous fait un ouvrage classique[1]. De nombreuses personnalités, des

[1] *Le Panthéon des Bonnes Gens*, livre de lecture courante et de morale pratique. Edit. classique, 1 vol. in-18, de 360 pages, broché ou cartonné, franco 1 fr. 50. (Lib. André, 6, rue Casimir-Delavigne, Paris.

plus éminentes, membres de l'Académie ou de l'épiscopat, ont daigné nous adresser des félicitations ; la *Société d'encouragement au bien* a décerné à cet ouvrage une de ses médailles d'honneur.

D'aucuns émirent le vœu qu'il en fût fait une édition illustrée, afin que, d'un côté, les enfants pussent retrouver, dans l'intérieur de la famille, sous forme de livre d'étrennes ou de prix, les exemples qu'ils avaient dû étudier, admirer dans leurs classes, et que, de l'autre, les parents pussent, au besoin, s'inspirer à la même source d'héroïsme et de dévouement.

C'est pour déférer à un vœu si légitime que nous avons repris notre travail sur de nouvelles bases, tout en conservant une grande partie de ses éléments primitifs.

Heureux serons-nous d'avoir contribué ainsi à prouver que, si le mal agit, le bien ne reste pas inactif et qu'il y a encore chez nous des êtres nombreux qui suivent les antiques traditions d'honneur, de dévouement, de vertu, que nous ont léguées nos ancêtres et dont nous sommes si justement fiers.

Paul Fesch.

DANS LA FOURNAISE

On se rappellera longtemps l'horrible catastrophe du 4 mai 1897, qui mit en deuil, on peut l'assurer, la France entière : l'incendie du Bazar de la Charité.

Retracer, dans un tableau d'ensemble, le spectacle des scènes qui se passèrent alors est impossible à toute plume humaine. Que l'on se figure quinze cents personnes enfermées dans un espace fort restreint et presque inaccessible, entourées complètement, revêtues, pour ainsi dire, par les flammes qui dévorent la légère bâtisse de bois goudronné, et luttant désespérément contre cette mort atroce qui les étreint par le feu et par l'asphyxie[1] !

[1] Voir les détails de cet horrible drame dans : *Mortes au champ d'honneur*, par Paul Fesch. In-8°, illustré (Flammarion, édit.).

La peur, l'horrible peur paralyse les cerveaux en même temps que le feu brûle les membres. C'est la panique que rien ne peut conjurer. Demandez encore aujourd'hui à celles qui furent sauvées : « Comment nous sommes sorties ? répondent-elles, nous n'en savons rien ! »

Ce fut une poussée désordonnée, un écrasement furibond qui devait fatalement produire à toutes les portes un encombrement, un engorgement qui a annihilé l'exode effréné des malheureuses femmes cherchant à échapper à ces flammes qui les enserraient de droite et de gauche, à cette pluie de feu, de goudron bouillant qui tombait du plafond.

Les cris, les hurlements de cette masse humaine parquée dans ce Bazar formaient une clameur effroyable, étrange, qui alla, une minute, grandissant, puis s'éteignit progressivement en quelques instants. La toiture brusquement s'est effondrée, recouvrant les victimes mortes, brûlées, asphyxiées, comme d'un suaire incandescent.

Ce drame lugubre n'avait pas duré un quart d'heure.

De tant de femmes nobles d'origine ou ennoblies par la charité, bourgeoises ou plébéiennes que le seul amour de la bienfaisance réunissait, plus de cent vingt restèrent sur ce nouveau champ de bataille, en faisant le bien.

Beaucoup de celles qui s'en échappèrent ne durent leur salut qu'au dévouement d'inconnus alors, risquant héroïquement leur vie pour la vie d'autrui.

Nous n'en pouvons citer que quelques-uns, ceux dont l'héroïsme fut plus éclatant.

Le long du Bazar de la Charité, mais d'un seul côté, régnait un terrain vague, très étroit, bordé par le mur de l'Hôtel de la Paix, dont l'entrée est située sur le Cours-la-Reine. Ce mur était percé d'une fenêtre assez élevée, garnie de lourds barreaux; c'était une sorte de jour de souffrance donnant dans l'arrière-cuisine de l'hôtel.

La propriétaire, Mme Roche-Sautier, se trouvait alors auprès du lit de sa fille souffrante, femme du sous-préfet de Corbeil, lorsqu'on vint lui annoncer que le feu était au Bazar de la Charité. Avec une présence d'esprit digne de tout éloge, elle pensa immédiatement à la fenêtre en question et donna ordre d'en enlever les barreaux.

Ce fut le salut pour plus de cent pauvres femmes prisonnières, pourchassées par les flammes que le vent rabattait dans leur direction, arrêtées par ces hautes murailles, contre lesquelles elles se pressaient comme pour les démolir et qui allaient devenir celles de leur tombeau.

C'est alors que Gommery, chef de l'hôtel, entre en scène, ainsi que ses compagnons, avec une décision et une énergie peu communes.

Lui aussi avait bien perçu un bruit insolite; mais pensant que le local de la rue Jean-Goujon abritait encore, comme les semaines précédentes, un théâtre représentant des scènes de la vie du Christ, et que beaucoup de collégiens venaient voir, il attribua tout d'abord ces cris à ces jeunes gens sortant dans la rue. Mais bientôt ils furent de telle nature qu'il n'y avait plus possibilité de se tromper. Gommery regarda par le jour de souffrance, — c'est en ce moment que Mme Roche-Sautier arriva et donna l'ordre que Gommery allait exécuter de lui-même, quelques instants plus tard.

Voici comment le « chef » de l'hôtel du Palais raconte ce qu'il vit et ce qu'il fit :

« Toute ma vie, dit-il, je me rappellerai l'horrible spectacle que nous avons eu sous les yeux. Quelles flambées! Et là, à quelques mètres de nous, des femmes couraient éperdues, les unes portant des enfants dans leurs bras, toutes cherchant à se sauver, tandis que le feu semblait courir après elles ! C'était horrible !

« L'une d'elles s'était cramponnée aux barreaux de notre grille. En nous apercevant, elle jeta un véritable hurlement de joie et d'espérance. Il y eut une poussée dans notre direction. Les mères nous tendirent leurs enfants en nous suppliant de les prendre d'abord. Pendant ce temps, deux femmes, dont l'une très âgée, s'élançaient sous nos yeux, hors du brasier, les vêtements enflammés, de vraies boules de feu, et, après avoir parcouru quatre ou cinq mètres, s'abattaient lourdement sur l'herbe en se tordant de douleur. Les pauvres femmes ! Elles ne devaient plus se relever. L'une d'elles, on l'a appris plus tard, était Mme la baronne de Saint-Didier. Mon plus grand regret, hélas ! est de n'avoir pu voler à leur secours et les sauver, comme nous avons heureusement sauvé les autres.

« Un seul coup d'œil m'avait suffi pour embrasser dans son ensemble cet affreux spectacle. Aller chercher dans la cuisine le marteau dont nous nous servons d'habitude pour casser le charbon fut l'affaire de quelques secondes. Il fallait briser la grille tout d'abord. Nous nous mîmes, chacun à notre tour, à taper de toutes nos forces sur les barreaux. La femme y restait obstinément cramponnée, malgré nos supplications.

« Les coups qu'elle reçut fatalement sur les doigts ne purent même lui faire lâcher prise. Les gravats qui se détachaient tombaient sur elle ; un moellon, qui pesait bien trois kilogrammes, l'atteignit à la figure ; les barreaux eux-mêmes, lorsqu'ils commencèrent à se desceller, la blessèrent ; elle avait la tête ouverte et paraissait néanmoins insensible à la douleur ! Elle ne cessait de nous répéter ces mots : « Sauvez-moi ! sauvez-moi ! »

« Quand, enfin, quatre barreaux eurent cédé et que le

trou pratiqué fut assez grand pour qu'une personne pût passer par là, nous attirâmes vers nous la malheureuse; nous la hissâmes comme nous pûmes, et, la première, elle échappa de la sorte au danger qui, à chaque instant, devenait plus grand. La fumée était, en effet, de plus en plus suffocante et la chaleur plus terrible.

« Ma première idée fut de sauter dans le terrain vague et de passer, les unes après les autres, les victimes à mon aide, Vaudier. La fenêtre, en effet, était très élevée; elles n'y pouvaient atteindre toutes seules. Mais la foule se pressait, si compacte, contre la muraille, en nous appelant à l'aide, que je dus abandonner mon projet et me borner à passer une chaise au dehors.

« La scène que je viens de vous raconter avait à peine duré quelques secondes. Pendant ce temps, les cris déchirants poussés par les victimes avaient été entendus du personnel de l'hôtel. Le maître d'hôtel, Charles Wagner, l'officier Ed. Heydt, le garçon de cuisine Pierre Laborie, le sommelier Grundwald, Eugène Cauvet, Jean Manevy, Pothier, d'autres encore, accoururent dans la boucherie. Nous relayant les uns les autres, nous avons, pendant trois bons quarts d'heure, attiré les victimes à nous, comme nous aurions ramassé des sacs de farine. Elles étaient successivement transportées dans les salons de l'hôtel ou dans les chambres. MM. les Drs Helcan et Dejerine leur prodiguaient aussitôt les soins les plus dévoués. Les jeunes femmes étaient en grande majorité.

« Presque toutes nous arrivaient évanouies ou hébétées, la bouche ouverte, incapables d'articuler un seul mot. Il y en avait qui se cramponnaient si fort au cou de leur sauveteur qu'on avait toutes les peines du monde à leur faire lâcher prise. Les vêtements de quelques-unes avaient commencé à prendre feu. Vaudier eut sa toque brûlée, en portant dans la cour une pauvre femme dont le corsage flambait et dont le visage était dans un état lamentable.

« Nous retirâmes trois hommes seulement et deux ou trois fillettes, de douze à treize ans. Maintenant, il me serait impossible de préciser exactement le nombre des gens que nous avons eu la chance d'arracher ainsi à la mort. Nous en avons « monté » autant que nous en avons trouvé, tandis qu'à quelques mètres de nous le fléau achevait son œuvre de destruction.

« Rapidement les cris avaient cessé, par là. Sous l'amas incandescent des décombres, il n'y avait plus que des morts, hélas ! tous les vivants étaient ici.

« Les dernières personnes qui quittèrent le terrain vague furent deux religieuses, qui, d'ailleurs, pendant toute la durée du sauvetage, s'étaient montrées admirables de courage, de calme et d'abnégation, aidant chaque victime à s'élever jusqu'à nous et les encourageant avec de bonnes paroles.

« Elles ne consentirent à quitter le lieu du sinistre que lorsqu'il n'y avait plus personne à arracher au fléau et que leurs vêtements, à elles-mêmes, commençaient à prendre feu. »

Non loin, un autre sauvetage s'opérait dans des circonstances aussi dramatiques. Un groupe de femmes avait également trouvé une issue sur le terrain vague. Mais de là, par où sortir ? Elles allaient infailliblement être dévorées par les flammes, lorsque des ouvriers du journal *la Croix* les aperçoivent : le mur de derrière leurs ateliers (entrée rue Bayard) donne, en effet, sur le terrain vague de la rue Jean-Goujon. Sous la direction du P. Bailly et du directeur de l'imprimerie, ils organisent, au moyen de deux longues échelles, — le mur a au moins dix mètres de haut, — un va-et-vient par où s'échappèrent au moins cent cinquante personnes. Il furent vaillamment aidés par le cocher Wast et les gardiens de la paix Aubry, Guérin et Pauly.

Là, le travail des hommes fut plus rapide que celui du feu. Que n'en fut-il de même partout ?

Ce ne fut point, certes, faute de courageux sauveteurs qui, pendant que les précédents agissaient collectivement, peut-on dire, agissaient eux, de leur côté, individuellement.

De ces derniers nous allons raconter les exploits.

Voici d'abord le cocher George. Il fait lui-même ce récit à un reporter de journal.

« Je passai rue Jean-Goujon, me dirigeant vers la rue du Colisée, où l'on m'avait promis de me trouver de l'ouvrage, lorsque je vis tout en flammes rue Jean-Goujon.

« Cet horrible spectacle d'une foule se précipitant avec rage vers les deux seules issues me stupéfia une seconde ; mais bientôt, reprenant mes sens, je m'élançai vers la palissade et, d'un violent coup d'épaule, je la crevai. Saisissant les premières personnes à ma portée, je les entraînai en face, de l'autre côté de la rue, aux écuries de Rotschild, que je connaissais bien pour y avoir été employé pendant cinq ans, comme valet d'écurie.

« Les quatre premières personnes me furent enlevées des mains par les palefreniers, qui les emportaient aussitôt dans la cour et les plongeaient dans le bassin, tandis qu'un piqueur armé d'un lance inondait mes vêtements et qu'un autre me portait des seaux d'eau sur la tête.

« La cinquième, une grosse dame, se cramponnait à moi en criant : « Ma fille ! ma fille ! » et gênait mes mouvements, si bien que je tombai, trébuchant, sur une poutre enflammée. La peau du visage des personnes que je transportais ainsi s'enlevait comme si l'on retournait la peau d'un gant, la chair des malheureuses fondait et tombait sur moi comme de larges gouttes de cire chaude.

« Une jeune fille, entièrement dépouillée de ses vêtements par le feu, avait encore la force de manifester un sentiment de gène pour sa nudité. Une autre, au moment où je la déposai sur le trottoir, expirait immédiatement.

« Tant que je vivrai, Monsieur, j'aurai devant les yeux la vision terrifiante de ces visages qui n'avaient plus rien d'humain.

« Ce sont les sœurs de *la Croix* qui m'ont pansé tout aussitôt; mais je n'ai qu'un regret, Monsieur, c'est de n'avoir pu faire davantage. »

Piquet, lui, est plombier.

Après s'être précipité au milieu du feu à plusieurs reprises et avoir sauvé de nombreuses personnes, il est rentré modestement à son atelier, et tout le monde eût ignoré son dévouement si un camarade qui travaillait avec lui au moment du sinistre n'eût raconté ses exploits.

C'est *le Petit Journal* qui a réussi à se procurer de Piquet lui-même quelques détails dont nous citons ce passage :

« Je courus du côté où je voyais la fumée. Lorsque j'arrivai rue Jean-Goujon, le Bazar de la Charité était en feu, et les gens qui étaient à l'intérieur poussaient des cris épouvantables. Je me portai vers la porte, où les dames se pressaient, et j'en aidai plusieurs à sortir. Puis j'entrai.

« Je pris successivement dans mes bras quatre dames et

les portai dehors : les cheveux de l'une d'elles. commencèrent à brûler, je voulus les éteindre, ils tombèrent à terre, c'était une perruque. Je voulus entrer de nouveau, je fus suffoqué par la fumée, les yeux me faisaient mal, et je voyais tout rouge ; j'apercevais des dames qui tournaient en tous sens à peu de distance de la porte et tombaient, alors qu'elles n'avaient que quelques pas à faire pour sortir.

« Deux bras se tendaient vers moi. Je les saisis, mais il ne me resta dans les mains qu'un peu de peau brûlée et un doigt.

« — Si je pouvais me garantir la tête, m'écriai-je, je crois que j'en sortirais encore. »

« Un monsieur me jeta son pardessus ; je m'en enveloppai la tête et me jetai au milieu du feu. De temps à autre je soulevais l'étoffe qui me couvrait les yeux, pour voir devant moi. Je pus ainsi emporter encore un certain nombre de dames. Combien? je l'ignore; je n'avais presque plus conscience de ce que je faisais.

« A un moment donné, je sentis le plancher céder sous moi. J'eus peur et me crus perdu, mais je me raidis et réussis à sauver encore quelques victimes.

« Bientôt cependant, mes jambes se mirent à trembler; j'étais comme un homme ivre, je dus sortir. »

Au *Petit Journal* également, M. Dhuy, chef d'équipe à la compagnie de vidange Fresne, raconte — tout simplement— ce qu'il a fait :

Il était dans la rue Jean-Goujon, quand l'incendie s'est déclaré.

« Ah ! Monsieur, nous dit-il, quel malheur; je venais de renvoyer mon équipe et ma voiture. Avec mes hommes, dont j'étais sûr, j'aurais pu sauver beaucoup plus de monde. Puis j'avais des outils, et, au besoin, j'aurais pu défoncer, avec le timon de ma voiture, traînée par deux chevaux vigoureux, la devanture du Bazar et pratiquer une large sortie. »

M. Dhuy était seul et s'est précipité immédiatement vers la grande entrée. Il fut d'abord refoulé par les gens qui sortaient.

Enfin il parvint à pénétrer dans le hall déjà en flammes.

Une femme, dont les cheveux flambaient, passa devant lui en criant. Il la saisit au vol. La malheureuse se débattait :

« Laissez-moi, assassin, criait-elle, rendez-moi ma fille ! »

Il la saisit à bras-le-corps et l'emporta de force. Mais dans la rue, elle chercha à s'échapper pour rentrer dans la fournaise.

« Ma fille, clamait-elle, ma fille ! »

D'autres personnes la retinrent, pendant que M. Dhuy courait de nouveau au feu. Il put retirer plusieurs victimes, quelques-unes d'elles étaient évanouies. La dernière fois, il sortit du bâtiment en emportant dans ses bras une femme de forte corpulence. Quoique très vigoureux, il était exténué, il glissa avec son fardeau, tomba sur le trottoir.

M. Prélat, commissaire de police le releva et l'empêcha de retourner dans le hall. Il avait, du reste, la figure brûlée, et à cet instant il ne serait peut-être plus sorti vivant du foyer de l'incendie.

A côté de ces énergiques sauveteurs, il en est un qui les a imités; qui, après avoir tiré de la fournaise on ne sait combien de personnes, s'en est allé sans dire son nom. Il a fallu que le lendemain il fût pris d'un accès momentané de fièvre chaude pour que, arrêté dans la rue, on pût le connaître. Il s'appelle Léon Desjardin, il est couvreur de son état.

Il était impossible que, devant tant d'actions héroïques, le gouvernement ne prît pas la résolution toute naturelle d'en couronner les auteurs. Il le fit; et la distribution de ces récompenses revêtit un caractère trop touchant pour que nous ne la relations pas.

Environ deux cents sauveteurs, parmi lesquels une dizaine de femmes, convoqués à cet effet, avaient été groupés dans l'un des salons du ministère de l'Intérieur. M. L. Barthou, entouré de MM. J. de Selves, préfet de la Seine, Lépine, préfet de police, Sainsère, directeur du Cabinet et du personnel, Léon Barthou, chef du Cabinet et des hauts fonctionnaires de son Ministère, a prononcé une courte allocution que nous reproduisons *in extenso* :

« Mesdames, Messieurs,

« J'ai revendiqué auprès de M. le préfet de police l'honneur de me substituer à lui aujourd'hui pour vous recevoir et vous décerner les diverses distinctions dont votre belle conduite vous a rendus dignes.

Ces récompenses ne peuvent rien ajouter à la satisfaction que vous portez en vous-mêmes du devoir accompli. Mais elles en perpétueront pour vous et pour les vôtres l'inoubliable souvenir.

Elles attesteront aussi que le Gouvernement de la République, interprète fidèle des sentiments de la population et de la France entière, a voulu reconnaître les actes de courage, de dévouement et de sang-froid qui marqueront une date mémorable dans l'histoire de notre pays.

J'ai déjà dit qu'ils lui étaient apparus comme la première consolation de l'épouvantable catastrophe, et comme la plus éclatante manifestation de cette solidarité sociale dont les progrès mesurent les progrès mêmes de la civilisation dans le monde.

A ce titre, vous avez tous, sans distinction de situation,

hommes et femmes, riches et pauvres, accompli le même devoir, et vous avez droit à la même reconnaissance.

Aucune réunion ne peut, mieux que celle-ci, démontrer, à travers les divisions des partis, l'unité morale de la nation française, son ardeur au bien, son désintéressement et sa grandeur.

Ce sera pour moi un durable honneur d'avoir pu vous remercier et vous féliciter en son nom. »

Le ministre annonce alors que le Gouvernement a étéheureux de pouvoir récompenser d'une façon plus particulière l'un des héroïques sauveteurs, dont toute la vie d'honnêteté et de labeur mérite d'ailleurs d'être signalée.

« Je suis heureux, dit-il, de nommer le cocher George chevalier de la Légion d'honneur. »

Le cocher George est là, au premier rang, le bras droit en écharpe, — car il a été brûlé atrocement. — A l'appel du ministre il s'avance, pâle comme un suaire et prêt à défaillir d'émotion. M. Barthou attache sur la poitrine du cocher George la croix de la Légion d'honneur, et il lui donne l'accolade, en le félicitant très cordialement.

L'impression produite a été, on peut le dire, fort émouvante. Les camarades du nouveau légionnaire crient : « Vive George ! » et l'embrassent.

A LA FOIRE DE NEUILLY

Chaque année, maintenant, mais depuis peu, les journaux donnent le compte rendu de cérémonies particulières auxquelles prennent part des personnages d'une seule espèce. Tantôt c'est une première communion, tantôt c'est une distribution de prix ; ce qui nous indique immédiatement une assistance d'enfants.

Mais quels sont-ils donc ? Uniquement des fils et des filles de saltimbanques, de lutteurs forains, d'équilibristes, de dompteurs : bref, tout le personnel d'acteurs et d'actrices de tout genre que l'on voit évoluer aux foires de Paris et de la banlieue.

La fondatrice de cette œuvre originale et moralisatrice au premier chef est elle-même une enfant de la balle. M. Jules Claretie résume ainsi son histoire [1].

C'est à Paris que nous rencontrons Mlle Bonnefois, mais elle nous vient, après bien des années d'aventures, du fond même de la province. Jeanne-Marie-Eugénie Bonnefois est née le 25 mai 1829, au bourg de Dardilly, dans le département du Rhône, d'un père cumulant les fonctions d'instituteur de l'école primaire avec celle de secrétaire du village, et d'une

[1] Jules Claretie, *Discours sur les prix de vertu*, novembre 1897.

mère ouvrière. Comment, à quatre ans, trouvons-nous Mlle Bonnefois sur les tréteaux d'une baraque foraine, faisant la parade pour attirer la foule dans un théâtre mécanique, où des marionnettes défilaient devant le *temple de Jérusalem?* L'école de Dardilly n'avait pas donné la fortune à l'instituteur, et celui-ci, laissant là ses cahiers d'écoliers et ses livres que sa fille devait rouvrir plus tard, s'était jeté à l'aventure à travers le monde, menant cette vie de hasard des saltimbanques, qui ont trouvé en art, depuis des

siècles, ce fameux plein air que recherchent les peintres modernes. Ils l'aiment, cette existence indépendante, comme les marins aiment la mer et quand ils l'abandonnent, ils en ont la nostalgie, et ils en meurent. Avez-vous jamais rencontré, au bout du chemin, quelque roulotte d'imprésario forain arrêtée en pleine campagne dans la halte du repos? Le cheval détaché du brancard broute, au revers du fossé, l'herbe verte, tandis que le chien au poil hérissé regarde, couché près du foyer improvisé, la marmite qui bout sur un feu de branchettes sèches. La mère surveille la soupe; par contraste, le père recoud quelque harde au coin de la haie, et des enfants vont et viennent, çà et là, dans un rayon de soleil. Mlle Bonnefois, que l'Académie devait couronner un jour, fut, pendant des années, cette enfant errante, amusée des haltes reposantes et qui court après les papillons ou les poules avant de remettre, en rentrant en ville, le maillot rose aux reprises cachées sous les paillettes d'or. Elle était charmante, cette femme aujourd'hui vénérable, et, parfois, — elle s'en souvient avec une douce mélancolie, — elle récitait le boniment qui attirait le public, et elle souriait, battant du tambour, sous le costume et le tricorne des gardes françaises, lorsque la petite troupe, traversant les *villes mortes*, — on appelle ainsi celles où il n'y a pas de foire populaire, — faisait le tour de la ville en musique à l'heure de la sortie des ateliers. Et déjà, enfant ou jeune fille, elle était la créature dévouée dont nous saluons aujourd'hui la noble existence.

L'ancien instituteur, devenu saltimbanque, s'était en effet remarié, et Eugénie Bonnefois entourait de soins et de tendresse cette femme qui n'était point sa mère. Cette belle-mère, à son tour, adorait la jeune fille, et le modèle même de la famille était donné le plus naturellement du monde par cette roulotte foraine cahotant le long des chemins ces humbles êtres qui s'aimaient. Ce fut la belle-mère qui voulut qu'Eugénie Bonnefois fît sa première communion. La jeune fille avait dix-huit ans. Les saltimbanques, qui ont aujourd'hui leurs syndicats et, avec leurs roulottes devenues aussi luxueuses que des wagons-lits, entreront quelque jour, comme d'autres notables négociants, dans quelque conseil de prud'hommes; — on parle même de l'un d'eux qui voudrait se présenter à la Chambre des députés avec une attribution spéciale, celle de dompteur; — les forains étaient alors traités en parias par la société civile, et, quand ils n'en étaient pas maudits, comme ignorés du clergé dont ils traversaient les paroisses sans leur appartenir. Cette première communion, faite entre deux parades, durant une halte dans une fête foraine, laissa dans l'âme tendre et un peu rêveuse de la jeune fille un ferment de mysticisme et de piété que la vie devait développer. Vie de travail, toute d'épreuves successives.

Au mois de décembre 1869, Eugénie Bonnefois perdait celle qu'elle chérissait comme sa mère. Sa douleur fut telle qu'elle demeura dans un état de prostration dont seuls purent la tirer les malheurs de la patrie. L'heure de l'invasion a sonné : la foraine se fait ambulancière. Il y avait, pendant le siège de Paris, dans un logis du boulevard Saint-Martin, une association de nobles femmes qui se donnaient pour tâche de porter secours aux blessés et aux malades sur les champs de bataille, dans les ambulances et dans les hôpitaux. On les appelait d'un beau nom : *les Sœurs de France.* Mlle Bonnefois fit partie de la société, demandant au comité, pour seule faveur, d'être employée, non pas en ville, mais aux remparts. Et, la croix rouge sur son brassard, on la voyait partout, l'ancienne musicienne de la baraque paternelle, qui battait de la caisse autrefois pour attirer les spectateurs et suivait maintenant les tambours de nos soldats pour les ramasser dans la tranchée, panser les blessés sous le feu des obus, passer les nuits dans le froid glacial du rude hiver, consolant les souffrants, frappant d'admiration des chirurgiens et des officiers de l'armée, ne prenant qu'une nuit de congé tous les quinze jours, et cela du premier combat au dernier, de Bagneux à Montretout, si bien que, lorsque le diplôme de la médaille des Sœurs de France fut conféré à Mlle Bonnefois, l'attestation qui accompagnait le bronze remerciait l'ambulancière d'avoir non seulement prodigué ses soins aux victimes de la guerre, mais à l'heure de la famine, et, avec une abnégation très simple, d'avoir partagé ses vivres avec eux, distribué le pain, déjà rare, de sa ration de chaque jour.

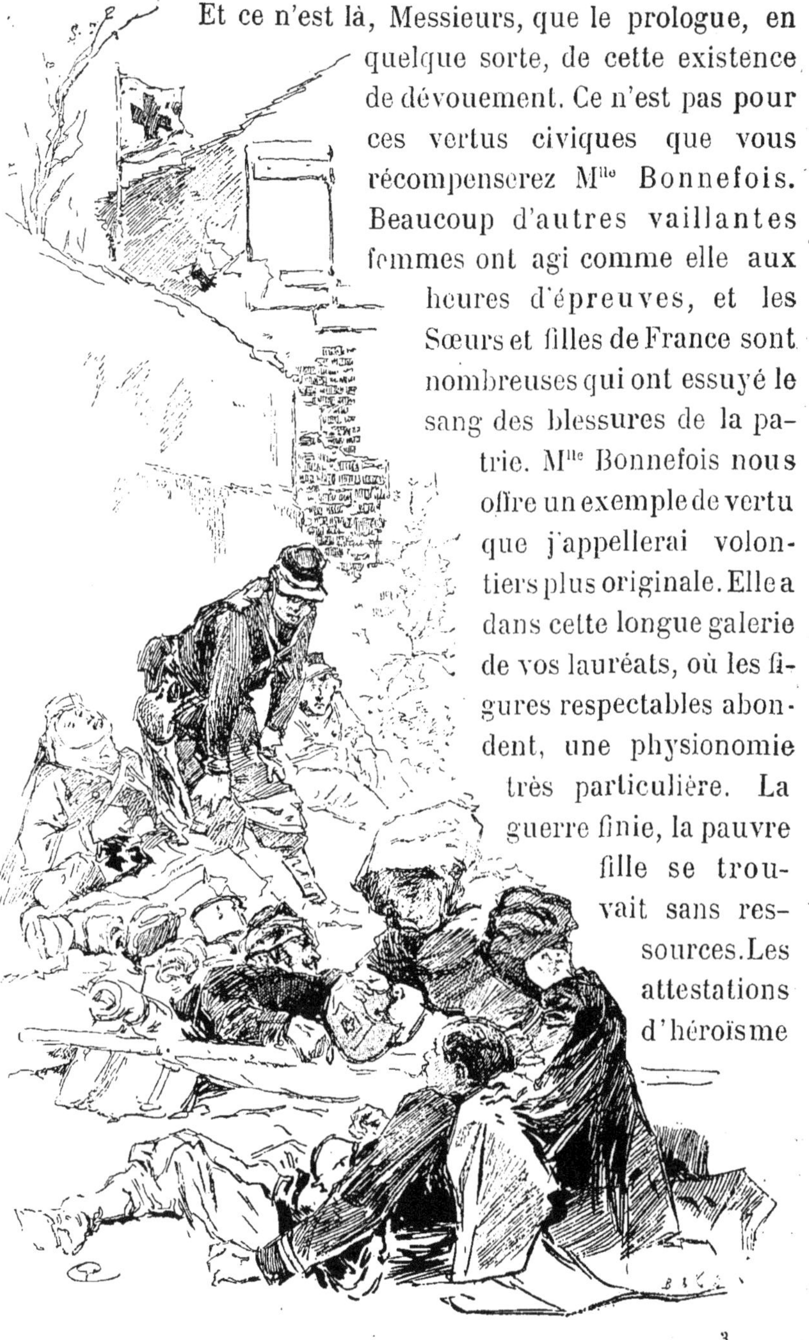

Et ce n'est là, Messieurs, que le prologue, en quelque sorte, de cette existence de dévouement. Ce n'est pas pour ces vertus civiques que vous récompenserez Mlle Bonnefois. Beaucoup d'autres vaillantes femmes ont agi comme elle aux heures d'épreuves, et les Sœurs et filles de France sont nombreuses qui ont essuyé le sang des blessures de la patrie. Mlle Bonnefois nous offre un exemple de vertu que j'appellerai volontiers plus originale. Elle a dans cette longue galerie de vos lauréats, où les figures respectables abondent, une physionomie très particulière. La guerre finie, la pauvre fille se trouvait sans ressources. Les attestations d'héroïsme n'enrichissent pas. Le héros du champ de bataille retourne aux champs ou à l'atelier avec quelque jambe de moins ou quelque bras amputé. L'héroïne de l'ambulance retourne à son métier avec la misère. Et Mlle Bonnefois n'était pas seule : le père était devenu infirme, incapable de gagner sa vie. Alors, à quarante-deux ans, la vaillante femme reprit son ancien métier : elle se fit, ou se refit foraine. Grâce à la confiance et à la sympathie qu'elle inspirait, elle put louer un vieux panorama, — de ces scènes où, à travers les verres grossissants, on va regarder, dans les baraques de toile, les faits divers de l'actualité, crimes ou catastrophes célèbres, morts illustres, drames ou batailles, — et elle commença, avec ce panorama d'occasion, la campagne de 1872. Trois ans après, le panorama semblant vieilli, Mlle Bonnefois ouvrait, à la foire au pain d'épice, un beau diorama tout neuf. Elle suivait le courant. Elle n'avait pas un sou vaillant, mais son honnêteté lui assurait le crédit, et elle devait 5.000 francs. Hélas ! à la foire au pain d'épice comme au théâtre, le public qui aime la mise en scène va sans doute aux dorures et au luxe ! Par des prodiges d'habileté, d'économie, la directrice du diorama parvint à se libérer, tout en pourvoyant aux besoins de son père, qui mourut il y a dix-sept ans, en 1880.

Alors, se trouvant seule au monde, Mlle Bonnefois pieuse et dévouée, songea — peut-être par égoïsme — à se refaire une famille. Et cette famille, c'est la grande tribu des errants, la foule des parias et des excommuniés qu'elle veut réunir dans une communauté de sentiments et de pensées. Elle se rappelle vaguement, sans doute, les petits paysans du bourg de Dardilly épelant l'alphabet dans la maisonnette de l'instituteur. Elle se rappelle sûrement les jours où le curé du village enseignait le catéchisme à la petite saltimbanque avant de lui donner la communion. Ce qu'on lui a appris, elle veut, à son tour, l'apprendre aux autres. Elle fait de son rêve un apostolat. A Amiens, déjà, elle a fondé l'œuvre de la première communion des forains. Mais elle veut à présent leur enseigner à lire, et, comme elle dit en un langage qui touchera même les philosophes, leur apprendre qu'il y a un Dieu dans le ciel et vingt-six lettres dans l'alphabet.

C'est à Paris que s'ouvrit, dans le courant de l'année 1892, la première école foraine. Mlle Bonnefois en avait tenté comme une ébauche à Rouen, sous les auspices du cardinal Thomas ; mais il lui fallait Paris, le grand Paris, pour développer l'idée qui la hantait. Les débuts de l'œuvre furent bien modestes. Sans autres ressources qu'un billet de cinquante francs, offert par un ami de la première heure, ayant pour toute bibliothèque scolaire un livre d'images prêté par cet ami, Mlle Bonnefois ouvrit son école dans sa roulotte de foraine. Elle y recueillit tout d'abord douze petits saltimbanques des deux sexes, venant, étonnés, puis intéressés, apprendre à lire entre deux tours de trapèze. Et le nombre des petits élèves grandit.

Les parents, d'abord indifférents, presque hostiles, envoient leurs petits à la roulotte où l'on enseigne. Bientôt elle est trop étroite, l'humble roulotte de planches; il faut lui substituer une baraque de toile et s'assurer le concours d'une institutrice. Mais les dépenses augmentent avec le nombre des élèves; elles sont certaines, et les ressources sont douteuses.

Mlle Bonnefois eût succombé, malgré son courage, si de charitables personnes n'eussent secouru la vaillante fille dans sa tâche écrasante. Un comité de patronage s'est formé pour la soutenir dans ses admirables efforts. Grâce à elle. grâce surtout à l'activité et au zèle de l'institutrice volontaire, l'œuvre a prospéré, l'école a grandi. Elle grandit toujours. Le magnifique diorama, qui était l'unique gagne-pain de la foraine, est devenu comme un palais scolaire, et ce palais a une succursale. Les douze élèves du début, en 1892, comptaient trente-six compagnons de plus; en 1893, Mlle Bonnefois avait cent dix élèves, cent dix-sept en 1895 et, pour cette année scolaire, 1896-1897, elle en compte deux cent sept. Et les baraques-écoles se montent et se démontent à volonté, de façon à suivre, avec tout le mobilier des classes, les familles des forains dans leurs migrations à travers Paris, les boulevards extérieurs et la banlieue; de la fête de Ménilmontant, qui ouvre la marche, jusqu'à la fête de Vincennes, la vaillante femme poursuit ainsi son labeur et suit ses élèves de station en station, leur apprenant à lire et à penser au bruit des orgues et des cymbales. Et, pendant que les pauvres saltimbanques songent aux tours d'adresse qui pourront augmenter la recette du jour et grossir le morceau de pain quotidien, Eugénie Bonnefois pense, pour ces petits, à ce pain de l'esprit qu'elle pétrit en quelque sorte de ses mains, en y ajoutant, quand il le faut, la nourriture matérielle, quitte, après la leçon donnée, à se coucher elle-même sans souper.

L'école est catholique, mais tous les cultes y sont admis. « Laissez venir à moi les petits enfants. » La parole sublime ne parle pas du genre de religion. Les marchands de nougat, parmi les forains, sont mahométans ou juifs. Mlle Bonnefois a pour élèves des israélites d'Algérie et des sectateurs du Prophète. Et, pour reconnaître ce caractère libéral et philanthropique de l'école foraine, le ministre de l'Instruction publique, sur la proposition de M. Buisson, alors directeur de l'enseignement primaire, n'a pas hésité à allouer à Mlle Bonnefois une subvention de 600 francs, tandis que la Société nationale d'encouragement au Bien décernait à la noble femme un diplôme d'honneur.

L'Académie française, après avoir pris connaissance du

dossier de Mlle Bonnefois, — ce dossier où figurent tant de noms de significations diverses, de nombreux articles où la presse de tous les partis signale noblement l'œuvre admirable à l'attention publique, — a décerné un prix Montyon de 2.500 francs à l'institutrice des petits saltimbanques.

LES VIEILLES SERVANTES

Mon Dieu ! leur histoire à toutes est à peu près pareille.

Une jeune paysanne arrive de son village à la ville; elle entre au service de maîtres aisés. Des enfants sont la joie et l'espoir de ce foyer ; mais, voici qu'à la suite ou d'accidents de santé, ou d'entreprises avortées, le malheur survient : la ruine est là ! Le maître alors dit à sa servante : « Je n'ai plus rien, ma pauvre fille : il faut nous séparer. — Nous séparer. Pourquoi ? — Puisque je n'ai plus rien. — Je veux rester. — Sans gages ? — Sans gages ! » Et ce « sans gages », comme le... « sans dot » de Molière, ce « sans gages » est l'invariable refrain de ces touchants récits signés par tout un village... — J'ai mes petites économies, dit la servante. — Mais elles sont à toi ! — Non, elles sont à vous. Et quand il ne reste plus rien de ces petites économies, la servante, très souvent, s'en va travailler au dehors pour faire vivre son maître... Car elle dit toujours : Mon maître, et veut toujours rester la servante. Mais voici que la maladie entre à la suite de la ruine. Cette mercenaire d'hier devient une sœur de charité pour la famille en détresse, plus encore, une mère, — pour la vraie mère infirme et les enfants ; — et toute une famille lui doit la vie, et cela dure pendant de longues années, après lesquelles la pauvre femme, qui n'a jamais vécu un jour, un seul jour pour elle-même, tombe de fatigué au coin du foyer, relevé, sauvé par elle. Avec quelques incidents plus ou moins dramatiques, quelques traits de caractère et de décision plus ou moins marqués, c'est toujours la même histoire.

*
* *

Telle cette bonne savoyarde appelée Claudine Buevoz [1], qui s'est faite dévideuse de soie et qui pelotonne sans trêve des écheveaux pour nourrir sa pauvre vieille maîtresse d'antan, aujourd'hui veuve, misérable et impotente [2].

Telle encore cette Émilie Aubert, de la Provence, qui s'est improvisée revendeuse de légumes et de poulets aux portes de Marseille, pour subvenir aux besoins d'une vénérable douairière et de sa fille, toutes deux malades et sans pain. Elle était née dans une demi-aisance cette Émilie Aubert, fille d'un notaire de province qui possédait quelque bien, et personne n'eût pu prévoir pour elle tant de déchéance et de misère. Lorsque, après avoir tout perdu, elle se décida à entrer comme gouvernante chez les nobles dames qu'elle soutient aujourd'hui par son trafic épuisant, ces dernières habitaient le château familial dont elles portent le nom, et d'où elles ont été chassées depuis tantôt vingt ans, à la suite de revers inouïs. Les voilà donc aujourd'hui, ces trois femmes unies dans une commune détresse matérielle. Et c'est Émilie, l'ancienne gouvernante, d'ailleurs la seule valide de l'étrange trio, qui pourvoit à toutes choses. Sous les brûlants soleils d'été, sous les pluies d'hiver, elle va courir à pied les villages, pour acheter les légumes qu'elle revient

1 Pierre Loti, *Discours sur les prix de vertu*, novembre 1898.
2 Claudine Buevoz a obtenu une médaille de 500 francs.

vendre au marché de la ville, réussissant à payer ainsi la nourriture de ses chères maîtresses et leurs vêtements modestes.

Il y a encore — parmi tant d'autres — cette ravaudeuse de vieux parapluies et de vieux tamis, qui s'appelle Joséphine Bénéteau. Une fille du bas peuple, celle-là, qui est entrée comme servante à quatorze ans, il y a un demi-siècle à peu près, dans une famille de forgerons vendéens. Les enfants étaient nombreux au logis ; mais, malgré les soins de leur bonne, les uns après les autres, ils sont morts de la poitrine ; le père, à son tour, les a suivis au cimetière, et bientôt il n'est plus resté que la veuve, avec le dernier des fils : un jeune garçon tout frêle, qui s'est mis à travailler seul dans la forge délaissée, pour gagner le pain de la maison. Travailler, forger, battre le fer, il le fallait bien, et d'ailleurs le petit ne connaissait point d'autre métier moins dur ; mais la brave Joséphine, le trouvant bien maigre et bien pâle, ne le perdait plus de vue et, pour lui éviter les fatigues excessives, surtout les sueurs dangereuses, c'était elle, le plus souvent, qui à grand effort frappait sur l'enclume. Il s'en est allé quand même, ce dernier enfant, vaincu lui aussi par le mal inévitable. C'est alors que, pour faire vivre la maman de tous ces morts, épuisée du reste par la maladie et le chagrin, la servante a imaginé de réparer les parapluies, les tamis ou les paniers. Et tout le jour donc elle s'en va dans les villages, trottinant par les sentiers, poussant son cri de raccommodeuse, son pauvre cri chanté, qui s'éteint de plus en plus avec les ans ; le soir ensuite, quand elle rentre exténuée, elle trouve le moyen encore d'égayer un peu sa vieille maîtresse, par de bons sourires, d'amusants propos, tout en lui préparant le repas qu'elle lui a si péniblement gagné dans sa journée.

*
* *

Voici Antoinette Lafont, de Lectoure[1]. Elle a quatre-vingt-cinq ans, et depuis soixante-dix ans elle n'a pas connu un seul jour de relâche dans sa triste besogne, au service de la famille qu'elle a adoptée, à qui elle a sacrifié non seulement ses gages qu'elle ne touche plus depuis longtemps, mais les deux mille francs qu'elle avait mis de côté au temps prospère. Son petit trésor a disparu peu à peu par une pieuse fraude qui lui réussissait assez bien : elle prenait les vêtements de sa jeune maîtresse infirme, sous prétexte de les raccommoder, et y glissait ses dernières pièces d'argent. On attribuait cette découverte merveilleuse à quelque hasard ou à quelque oubli : ce n'est pas la première fois qu'une ruse ingénieuse du cœur a joué ce rôle de hasard dans les drames intimes de la pauvreté[2].

*
* *

On ne sait où s'arrêter dans l'énumération de faits semblables, tant le nombre en est grand, tant aussi est variée l'ingéniosité des vieilles servantes.

En 1821, Marie-Jeanne Dubois, veuve Vignon, résidait à Bordeaux, vivant chétivement de sa profession de cardeuse de matelas[3]. Elle avait pour amie Mme Dutois, veuve d'un ancien officier, décédé aux Invalides. L'état d'infirmité où était tombée cette dernière ne lui permettant plus de subvenir par elle-même à ses besoins, et la veuve Vignon se trouvant, de son côté, privée d'une partie de ses pratiques, il fallut songer à se créer une nouvelle existence.

[1] Caro, *Discours sur les prix de vertu*, novembre 1886.
[2] L'Académie donne à Antoinette Lafont un prix de 2.000 francs.
[3] Brifaut, *Discours sur les prix de vertu*, août 1832.

... Elle s'y attelle intrépidement et la conduit ainsi de village en village...
(Page 29.)

La pensée de Paris, où elle est née, où elle a laissé des protecteurs, vient aussitôt s'offrir à la bonne cardeuse de matelas. Elle sait qu'elle y trouvera de l'ouvrage. Il faut donc, elle et son amie, se déterminer à faire le voyage : mais comment l'entreprendre? Il est si long, si pénible, si dispendieux! Elles n'ont ni crédit ni ressources. La veuve Vignon peut du moins marcher, mais Mme Dutois est hors d'état de se mouvoir. Qui n'eût pas reculé devant tant d'obstacles? Pour ces deux femmes, et surtout pour la dernière, c'était l'immensité à traverser.

La veuve Vignon ne se découragea pas. Son humble mobilier est vendu : du prix qu'elle en reçoit elle achète une petite charrette, dans laquelle elle place son amie impotente; elle s'y attelle intrépidement et la conduit ainsi de village en village, de ville en ville, à travers une route hérissée d'embarras et de difficultés, au milieu des fatigues et des privations, sans se plaindre, sans se laisser abattre, sans regretter un instant d'avoir pris une résolution si hardie. A mesure qu'elle avance, les obstacles se multiplient autour d'elle : le ciel se couvre de nuages, la tempête éclate, les chemins deviennent impraticables. Voilà cependant les deux amies parvenues jusqu'à Angoulème, dont elles traversent les rues, dans une situation digne de pitié. La pauvre veuve haletante, couverte de sueur, enfoncée avec sa charrette dans une boue épaisse et gluante, prête à chaque instant à se trouver mal, et ne devant un reste de force qu'à l'angélique obstination de sa vertu, excitait l'intérêt de tous, sans obtenir l'assistance d'un seul. Ce spectacle si nouveau, si touchant, frappe les yeux d'une dame qui passait : Mme la comtesse de Jumilhac, émue jusqu'au fond du cœur à l'aspect de ces deux femmes, s'arrête, interroge, apprend la vérité, court vers les infortunées qui vont cesser de l'être, répand dans leurs mains l'or qu'elle a recueilli pour elles, leur procure, de la main du préfet, bien officiellement informé, une feuille de route avec l'étape et l'indemnité; et à l'aide d'une si puissante intervention, la veuve Vignon peut arriver au but où l'appelait un dévouement qui ne calculait rien, et qui faisait bien, comme on le voit, car la Providence était là.

Rendues à Paris, la bonne veuve et son amie infirme se logent dans un comble; l'ouvrage vient; la cardeuse de laine suffit, par son travail, à deux existences. Tous les jours elle s'applaudit de sa courageuse résolution couronnée par le succès; tous les jours elle reçoit les nouvelles bénédictions de sa compagne, qui, bien que plus âgée qu'elle, se plaît à la nommer sa mère adoptive [1].

*
* *

En voici une autre, Marie Mathieu, à Lyon. Sa maîtresse, Mme Cassagne, est non seulement pauvre, mais malade d'une fièvre pernicieuse. C'est l'hiver, il fait froid, et il faut réchauffer la pauvre femme. Marie Mathieu n'hésite point. Par une imprudence qui n'a d'excuse que le dévouement, elle couche dans le même lit, auprès de la malade [2].

Le médecin l'apprend. C'est lui qui a révélé ce fait; pénétré, comme il le dit lui-même, de respect et d'admiration, mais en même temps de crainte pour le danger qu'elle court, fait à Marie des représentations et de graves défenses. Il met en usage auprès d'elle tous les moyens de la persuasion et toute l'autorité que lui donne son ministère.

Mais elle lui répondait : « Qu'abandonner sa maîtresse, la nuit, au moment où elle avait le plus besoin de consolation, de chaleur et de soins, ce serait la tuer. »

[1] Un prix de 2.000 francs est décerné à la veuve Vignon.
[2] LEBRUN, *Discours sur les prix de vertu*, août 1831.

Elle disait avec simplicité, persistant dans sa généreuse obstination : « Je suis bien convaincue qu'en la réchauffant moi-même je prolonge son existence, si toutefois je ne parviens pas à la sauver. J'ai pris mon parti, j'ai fait mon sacrifice. J'aime mieux mourir si j'y suis condamnée : je n'aurai pas sur la conscience d'avoir abandonné un seul instant mon excellente maîtresse. » Ce sont ses propres paroles.

Une demi-heure avant la mort de Mme Cassagne, sa fidèle Marie était encore couchée à ses côtés.

Maintenant elle lui survit pour prendre soin de son père, un vieillard, et de sa jeune fille ; elle ne les quittera pas : c'est un legs qu'elle a reçu. Elle continue en eux sa bonne œuvre, l'œuvre de toute sa vie, avec simplicité, comme on fait une chose naturelle, sans se croire le moindre mérite, sans prétendre à nulle récompense[1].

*
* *

Terminons par la vertu centenaire (ainsi que parle Ernest Renan)[2], en la personne de Marie Coustot, de Condom.

Elle a cent deux ans, et elle continue toujours à faire le bien. Servante depuis l'âge de seize ans dans une famille d'abord riche, elle a donné ses économies à ses maîtres ruinés ; elle continue sans gages son œuvre de fidélité. Aujourd'hui, elle sert les petits-enfants de ses premiers maîtres, et, quoique devenue presque aveugle, elle travaille, elle se prive de nourriture pour ceux à qui elle a consacré sa vie.

Des traits qui précèdent, n'est-il pas permis de conclure :

[1] L'Académie décerne à Marie Mathieu un prix de 2.000 francs.
[2] Renan, *Discours sur les prix de vertu*, août 1881.

L'histoire des pauvres maîtres est un martyrologe. Ce sont de bons vieux tombés dans l'indigence, paralysés, malades, vivant presque toute l'année, si cela s'appelle vivre, dans un lit ou sur un grabat. L'histoire des servantes est comme une vie des saints. Elles s'oublient pour des gens auxquels le hasard seul les a souvent attachées; leur sympathie s'est éveillée à la vue des souffrances physiques et morales de ceux qu'elles étaient appelées à soigner. Il a fallu se sacrifier pour faire du bien, et elles se sont sacrifiées, comme si c'était la chose la plus naturelle du monde.

LA VERTU NÈGRE

Longtemps la race blanche s'était accoutumée à se croire investie du monopole de la charité, du dévouement. Il semblait qu'à elle seule eussent été départies l'intelligence et la bonté, la pureté du cœur, comme la blancheur du corps. La race noire paraissait maudite, et, sur ce sol aride, ne pouvait germer, semblait-il, aucune des vertus qui sont l'honneur et la gloire de l'humanité.

L'antiquité peut-être pouvait penser ainsi; les temps modernes ont de tout autres idées, parce que les faits sont venus renverser les préjugés de jadis et montrer que les nègres comme les blancs sont susceptibles d'abnégation et d'attachement.

Le premier exemple que nous en apportons[1] date du commencement du siècle; les autres sont plus près de nous.

*
* *

Né en 1773, à Saint-Domingue, sur l'habitation de M. Belin de Villeneuve, propriétaire dans la partie nord de l'île, Eustache se recommanda de bonne heure à l'attention et aux

[1] Brifaut, *Discours sur les prix de vertu*, août 1832.

bienfaits de son maître par des qualités peu communes chez les noirs. Attaché aux travaux de la sucrerie, dont il s'occupait avec autant de zèle que d'intelligence, il fuyait la société de ses jeunes camarades pour chercher dans la conversation des blancs les instructions qui devaient éclairer son esprit, les vertus qui pouvaient élever son âme. Aussi était-il parvenu à se faire aimer de ses chefs et estimer de ses compagnons, à tel point qu'au moment où éclatèrent les premiers désastres de la colonie Eustache dut à l'influence qu'il avait acquise et le salut de son maître, et celui d'un grand nombre de propriétaires, menacés de périr dans le massacre général.

Quand les nègres, déterminés à la perte des blancs, jurèrent de les égorger tous, ils appelèrent Eustache parmi eux. En lui révélant leur conspiration, ils croient parler à un complice ; ils ne sont entendus que par un honnête homme. L'idée du meurtre ne s'associe point, dans l'âme d'Eustache, avec celle de la liberté. Placé entre ses compagnons demandant à la torche et au poignard leur émancipation sanglante, et ses maîtres prêts à périr assassinés sous les décombres de leurs maisons embrasées, il ne balance point. Ni les animosités des noirs contre les blancs, ni la communauté d'intérêts, ni les liens d'affection ne le retiennent : il va où le porte son sublime instinct ; il va où il voit non des vengeances à exercer, mais des devoirs à remplir ; non des triomphateurs à suivre, mais des malheureux à sauver. Dès ce moment, il abjure la race de ceux qui proscrivent, il se fait de la famille des proscrits.

Si le temps permettait d'entrer dans le long détail des ruses ingénieuses employées par son actif dévouement pour dérober à la mort tant de victimes, on le montrerait sans cesse occupé à prévenir les habitants des complots formés contre eux, se glissant dans les conciliabules des révoltés pour épier et déconcerter leurs mesures, donnant aux propriétaires le temps et les moyens de se réunir, de se fortifier, et enfin d'échapper à l'horrible destinée qui les attendait : on le ferait voir, couvrant surtout son bon maître d'une protection de chaque moment, en échange de celle qu'il lui avait due pendant plus de vingt années; l'aidant à travers des périls inouïs, à se ménager une retraite sur un navire américain qui venait de mouiller à Limbé; faisant transporter dans le bâtiment plusieurs milliers de sucre pour sauver M. Belin, non seulement du trépas, mais encore du dénuement, et s'embarquant avec lui, sans autre prétention que celle de le servir modestement comme par le passé, après avoir eu l'inconcevable bonheur de mettre hors de danger les jours de quatre cents colons.

Mais quel désespoir! Le navire américain est attaqué et pris par des corsaires anglais. M. Belin et ses amis ne se sont-ils dérobés à la mort que pour tomber dans l'esclavage? Non; Eustache va les délivrer de ce second péril. Lui qui a fait échouer, au moins en partie, une conspiration, il devient conspirateur; ce qui prouve que tous les conjurés ne sont pas blâmables. Tandis que les vainqueurs sans défiance se livrent aux joies d'un repas durant lequel il les amuse par ses jeux, l'habile et audacieux Eustache profite de leur sécurité pour tomber sur eux et les enchaîner à l'aide des autres captifs, avertis secrètement de son projet; et le bâtiment délivré arrive, au milieu des cris de joie de ceux-ci, des soupirs de honte de ceux-là, jusque dans la rade de Baltimore. Ainsi deux fois Eustache a sauvé ses maîtres!

Cet homme, né parmi les esclaves, et digne de figurer au premier rang des citoyens libres, ne se borne pas à signaler sa fidélité dans les jours de danger. Sa vertu, toujours active, trouve le moyen de s'exercer encore dans les temps de calme. Il n'est point de formes qu'elle ne prenne pour satisfaire l'infatigable besoin d'héroïsme qui dévore le noble enfant de l'Amérique française : ceux qu'il a sauvés, il va les nourrir. Son temps, ses soins, le produit de son labeur, tout est employé à soutenir l'existence des colons ruinés qui l'entourent. L'image de leur détresse disparaît par degrés à ses yeux qu'elle affligeait. Partout où il passe, il porte des secours, des bienfaits, des consolations. Il faut qu'il dérobe des victimes aux tombeaux ou des indigents aux hospices. D'autres ne vivent que pour rêver le mal; lui n'existe que pour méditer le bien.

Lorsque l'ordre parut se rétablir dans la colonie, M. Belin et son esclave, ou plutôt son bienfaiteur, se hâtèrent d'y retourner avec les autres exilés; mais, à peine débarqués, ils apprennent une fâcheuse nouvelle. Vingt mille révoltés, sous le commandement du nègre Jean-François, ont placé leur camp sur les hauteurs voisines de la ville. Cette ville était le Fort-Dauphin, alors occupé par les Espagnols. Les blancs demandent en vain des armes à ces derniers, qui les laissent égorger par les noirs, sortis en tumulte de leurs retranchements. Cinq cents colons périssent dans les rues, dans les maisons, dans l'église même, en présence des Espagnols impassibles. Au bruit de cet épouvantable massacre, M. Belin cherche à fuir. Poursuivi par une troupe de nègres jusque sur les bords de la mer où il va être précipité, il aperçoit un corps de garde espagnol, se fait reconnaître du commandant et lui crie : Sauvez-moi! Des soldats accourent, l'arrachent des mains des barbares, le jettent dans leur poste; et là, couvert de leur uniforme, il voit la fureur des assassins s'arrêter devant l'habit qu'il a revêtu : il respire, il échappe de nouveau à la mort, et à quelle mort!

Que devenait cependant son fidèle ami? Séparé de lui par la foule, après l'avoir inutilement cherché, Eustache recommande son maître à la Providence et s'efforce de garantir au moins du pillage les débris d'une fortune toujours recomposée et toujours compromise. Habile dans ses projets, c'est à la femme même de Jean-François qu'il s'adresse pour conserver les effets de M. Belin. Il se rend sous la tente où elle reposait couchée et malade, lui annonce la mort de son maître, dont il se dit le légataire, et la conjure de l'aider à soustraire à l'avidité des vainqueurs quelques malles renfermant des objets précieux, mais dont il se garde bien de faire l'énumération. Muni de son consentement, il cache sous le lit de cette femme ces dernières richesses; court sur le théâtre du carnage où il cherche, heureusement en vain, parmi les cadavres, qu'il relève les uns après les autres, celui de son maître; vole aux informations; apprend enfin que ce maître, auquel il tient tant, pour lequel il a déjà tant fait, est parvenu à s'échapper; revient essayer d'enlever son dépôt pour le lui rendre, réussit à force d'adresse et de précautions, et s'embarque une seconde fois sur un bâtiment qui se rend au môle Saint-Nicolas, où s'est réfugié M. Belin. Là, Eustache, précédé par le bruit de sa belle conduite, se voit accueilli comme le héros des colonies : on le porte en triomphe, on l'offre en spectacle; on appelle autour de lui les hommages de la population noire, et la vertu a son jour, comme le crime avait eu les siens.

Désormais plus de dangers. Aux traits d'un sublime héroïsme vont céder les marques de la plus ingénieuse affection. Retiré au Port-au-Prince, à la suite de M. Belin, que sa grande réputation avait fait nommer président du conseil privé, Eustache entendait souvent son maître, parvenu au déclin de l'âge, gémir sur l'affaiblissement progressif de sa vue. Si Eustache savait lire, il tromperait les longues insomnies du vieillard en lui faisant la lecture des journaux. Quel chagrin pour lui, et pour son ami qui se reproche de ne lui avoir pas procuré dans son enfance un si utile genre d'instruction! Ce chagrin ne durera pas. Eustache acquiert le don qu'il regrettait. Il s'adresse, en secret, à un maître de lecture, et grâce aux leçons de ce maître, grâce surtout à une volonté puissante, Eustache, sans nuire à son service, car c'était à quatre heures du matin qu'il allait prendre ses leçons, Eustache arrive un jour vers le pauvre demi-aveugle, un livre à la main, et lui prouve par le plus touchant des exemples que, si rien ne semble facile à l'ignorance, rien n'est impossible au dévouement.

Comment les plus hautes inspirations de l'âme ont-elles donc pu s'allier aux plus délicates inventions du cœur? Comment l'héroïsme a-t-il pu devenir la grâce? Pour charmer la douloureuse cécité d'un père, une Antigone n'aurait pas fait moins, mais sans doute elle n'eût pas fait mieux.

L'affranchissement d'Eustache suivit de près cet affranchissement qui, moins encore que ses vertus, l'a naturalisé français. Bientôt Eustache perdit celui auquel il avait consacré sa vie. Inutile de parler de sa douleur; on la devine. Des legs considérables lui furent remis au nom de M. Belin, entre autres la somme de 12.000 francs. Mais tous les trésors qui passaient par des mains si généreuses n'y pouvaient rester. Eustache les regardait comme un dépôt que la Providence lui confiait pour le soulagement des pauvres et des infortunés. Ses nouvelles richesses furent bientôt épuisées, car il y avait tant d'infortunés et tant de pauvres dans les colonies! Voyez, voyez ce nègre digne de tant de respects, voyez-le déliant tous les jours les nœuds de cette bourse qu'il tient de la reconnaissance de son maître. Chemises, linge, habits, meubles, tout ce que la misère demande à sa générosité, sa générosité le prodigue à la misère. Voici des soldats dont la paye est arriérée : Eustache acquitte la dette du gouvernement. Voilà des familles sans pain : elles en ont; Eustache est venu les visiter. Enfin Eustache a tout donné, il ne lui reste que le souvenir de ses bonnes actions : c'est assez, il ne se plaindra pas, il remerciera le ciel; il est content : il n'a plus rien, mais les autres ont quelque chose.

Depuis ce temps, c'est-à-dire depuis trente-neuf ans, rentré dans l'humble carrière de la domesticité, il passe sa vie à faire ce qu'il a toujours fait, des heureux. Il n'est pas un jour perdu dans cette existence vouée au bien. A chaque instant on découvre quelque nouvelle preuve de cette générosité incorrigible dont l'exercice lui est si doux. Tantôt ce sont de pauvres enfants qu'il met à ses frais en nourrice, d'autres dont il paye l'apprentissage. Tantôt il achète des outils ou des instruments aratoires aux ouvriers qui n'ont pas même le moyen de se livrer aux travaux de leur profession. Ici, d'anciens parents de son maître obtiennent de lui des sommes assez fortes qu'ils ne lui rendront pas et dont il ne songera pas à presser le remboursement. Là, ceux qu'il sert ne lui payent point ses gages, et il les sert encore parce qu'ils sont tombés dans l'infortune et que l'infortune a des droits sur lui. Mais comment donc peut-il suffire à ses prodigalités? Par ses talents. Bon cuisinier, habile officier de bouche, on l'emploie dans les maisons riches, et il se retranche pour donner. Voilà tout son secret.

Tel est Eustache. Tel est cet homme qui honore le nom d'homme. Du sein des deux mondes s'élèvent des milliers de voix pour attester l'inépuisable et sublime bienfaisance d'un simple domestique, qui pouvait cesser de l'être, s'il n'avait préféré le bonheur de ses semblables au sien même. Et quand la louange vient la chercher, il la repousse avec sa simplicité habituelle, par ces mots qu'il a dits à l'un de nous : « Ce n'est pas pour les hommes, mon cher Monsieur, que je fais cela, c'est pour le Maître qui est là-haut[1]. »

*
* *

Comme il est facile de le voir, ce n'est pas le vulgaire attachement dont il nous est donné l'exemple par les

[1] Eustache se vit attribuer par l'Académie un prix de 5.000 francs.

hommes de race noire ; la délicatesse la plus fine les guide et les exalte.

Louis Soliveau nous en est une nouvelle preuve[1]. Né esclave à la Guadeloupe, il se racheta, mais resta chez son maître, qui l'avait toujours, dit-il lui-même, paternellement traité ; il l'aida de son travail quand la fortune de celui-ci se trouva en partie détruite. Grâce à Soliveau, la misère n'entra jamais dans cette maison.

Louis n'avait pu étudier dans sa jeunesse ; mais doué d'une bonne intelligence, il apprit de lui-même et parvint à exécuter des travaux de différents genres, qui lui acquirent une assez grande aisance. Quoique marié et chargé d'une nombreuse famille, il mit ce qu'il possédait au service de la veuve et du fils de son maître, lesquels, après sa mort, se trouvaient dans un état voisin de la pauvreté. Le plus beau témoignage rendu à son dévouement est celui-ci : lorsque cette veuve vint à mourir, le conseil de famille le déclara tuteur de l'enfant mineur qui restait. Soliveau répondit dignement à une telle marque d'estime, administra avec habileté les biens de son pupille, les lui remit à sa majorité dégagés de toutes dettes, sans vouloir accepter aucune indemnité pour son entretien. Aussi en fut-il de plus en plus honoré de ces concitoyens, qui l'élurent constamment aux fonctions de conseiller municipal et de conseiller de fabrique[2].

* * *

Il est un fait certain, c'est que, chez les noirs comme chez les blancs, les femmes ne le cèdent en rien aux hommes sur le chapitre du dévouement. Dirons-nous qu'elles les surpassent ? Pourquoi pas, si la chose est vraie.

[1] Duc de Noailles, *Discours sur les prix de vertu*, août 1872.
[2] L'Académie décerna à Louis Soliveau un prix de 2.000 francs.

Déjà, dans le même discours, le duc de Noailles fait l'éloge de la veuve Toussaint, née esclave à la Guadeloupe, et à qui l'Académie donne un prix de 2.000 francs pour le dévouement persévérant, qu'elle a prodigué durant les épidémies de fièvre jaune qui ont sévi dans la colonie en 1802, en 1850 et en 1856. Ce laps de temps de cinquante ans montre que la veuve Toussaint n'est pas jeune. Elle avait, en effet, quatre-vingt-huit ans en 1872 et n'avait rien ralenti de sa charité.

M. Renan, dans son discours de 1881, nous montre le cas de deux mulâtresses, couronnées cette année-là, Francilie Laquinte et Paula Yvor[1].

Francilie et sa mère servirent, durant des années, une vieille dame de la Guadeloupe, qui récompensa leurs soins par l'affranchissement. Cette faveur n'eut d'autre résultat que de resserrer de plus en plus les liens d'affection qui les unissaient à leurs maîtresses; elles restèrent comme servantes dans la maison où elles avaient été esclaves. Après la mort de sa bienfaitrice, Francilie nourrit sa mère de ses petits travaux de couture. Malgré sa pauvreté, elle trouva encore le moyen d'être charitable. Dans les désordres entraînés par le décret d'émancipation de 1848, elle fut la raison, la prévoyance d'un monde entièrement désorganisé. Elle adopta les orphelins; de ses ressources précaires elle consola une mère que son mari avait délaissée. C'est toute la commune de Saint-François, à la Guadeloupe, qui vous demande de couronner Francilie.

L'esclavage heureusement n'est plus à supprimer; s'il l'était, c'est par des exemples comme celui de Francilie Laquinte que l'émancipation serait accomplie. L'esclavage cesse le jour où l'esclave, que l'antiquité concevait comme

[1] Renan, *Discours sur les prix de vertu*, août 1881.

sans moralité et sans religion, devient moralement l'égal de son maître.

L'esclavage antique fut aboli virtuellement quand une pauvre esclave de Lyon se fut montrée dans l'amphithéâtre aussi héroïque que sa maîtresse. L'esclavage moderne a sans doute été condamné avant tout par nos principes de philosophie; mais quelques vertus d'esclaves ont aussi concouru à la même fin. Le hasard a voulu que nous ayons encore une vertueuse mulâtresse à joindre à Francilie.

Peut-être même le dévouement dont je vais vous parler a-t-il encore quelque chose de plus touchant.

Paula Yvor demeure à Paris, et nous l'avons probablement quelquefois rencontrée dans le dédale des petites rues qui entourent le chevet de l'église Saint-Germain des Prés. A l'âge de onze ans, elle s'est attachée à une famille qu'elle a toujours servie avec amour. Le malheur étant venu frapper cette famille, Paula Yvor, sans espoir de récompense, fit vivre celle qui avait été sa maîtresse des gains modiques d'un petit commerce de produits coloniaux, péniblement exploité du haut de sa mansarde. Sa maîtresse, à son lit de mort, lui lègue ses deux filles en bas âge : la sollicitude de Paula ne se dément pas un instant. Quand, en marchant les pieds dans la neige, la pauvre créole a réussi à placer quelques-uns des ananas qu'elle colporte et à ramasser quelques sous, c'est pour se rendre à la maison de la Légion d'honneur de Saint-Denis et pour porter à ses filles d'adoption un vêtement chaud, de petites douceurs qui prouveront aux orphelines qu'elles ne sont pas déshéritées de toute tendresse. Avec une persistance sans égale, le malheur continue à frapper les deux jeunes filles à leur entrée dans le monde; l'une d'elles, au moins, tombe dans une misère navrante. La vieille mulâtresse est toujours là ; elle a soixante-douze ans, un cancer lui a rongé la moitié de la figure, et pourtant

elle court encore les rues, avec son panier d'ananas, cherchant à récolter la petite somme nécessaire au repas des délaissées, dont elle est le seul soutien. Songez quel accueil sera fait à vos 500 francs dans ce réduit d'où est bannie depuis longtemps toute joie.

*
* *

N'ont-elles pas aussi mérité une mention, ces deux bonnes vieilles négresses dont nous ont cité les vertus M. de Carné[1] et M. Jules Simon[2].

La *vieille Dada*, — c'est le surnom donné par les enfants du Mourillon (Toulon) à une négresse que l'on vit souvent se promener accompagnant son vieux maître, — la *vieille Dada* est le symbole du dévouement discret. Son maître ruiné, décrépit, ne sait pas que sa fortune a tout entière disparu, parce que sa fidèle servante, la nuit, travaille, et le jour, s'en va pêcher des oursins, qu'elle revendra en faveur du vieillard[3].

[1] De Carné, *Discours sur les prix de vertu*, août 1868.
[2] J. Simon, *Discours sur les prix de vertu*, août 1879.
[3] L'Académie lui donne un prix de 3.000 francs.

Eugénie Urgen-Vertuel, à qui nous donnons une médaille de cinq cents francs, est une mulâtresse de la Guadeloupe. Dévouée avec passion à sa maîtresse, elle la suit en France, malgré les exhortations et les avertissements de sa propre famille. En France, la maîtresse se marie. Eugénie s'est opposée à ce mariage, elle en a prédit les fatales conséquences ; elle s'est séparée, le cœur déchiré, de sa maîtresse; tout ce qu'elle avait prévu s'accomplit. Au bout de très peu de temps, la malheureuse femme, accablée de mauvais traitements, dépouillée de tout, s'enfuit chez son ancienne servante, qui partage avec elle son lit et sa misère. Devenue veuve, la créole retourne à la Guadeloupe, recueille quelques débris de sa fortune, monte un petit commerce. Eugénie l'a suivie, elle est la fille de boutique, la fille de peine; elle se multiplie et s'épuise, tout est inutile : les deux pauvres femmes ne peuvent échapper à la ruine. Elles s'enfuient, reviennent en France, où Eugénie trouve un peu de travail, mais la maîtresse succombe à tant de revers. A peine a-t-elle fermé les yeux que le chétif mobilier est saisi par les créanciers. Eugénie Urgen-Vertuel, maintenant âgée, ayant la vue affaiblie, peut à peine subvenir à ses besoins.

*
* *

Semblable héroïsme se remarque en Séraphine Douba, née à l'île de la Réunion, d'une esclave dont elle a partagé la condition servile[1].

Toute jeune encore, elle appartenait à la famille de Planta. Elle y éleva, l'une après l'autre, trois générations. Quand les noirs furent affranchis, Séraphine ne voulut user de sa liberté que pour rester volontairement avec ses maîtres.

[1] PERRAUD, *Discours sur les prix de vertu*, novembre 1889.

Elle avait épousé un domestique de la maison, du nom de René.

Au bout d'un demi-siècle, tout avait changé autour d'elle. Les ascendants étaient morts; la gêne avait succédé à l'aisance pour devenir bientôt la misère. Cependant les arrière-petites-filles des premiers maîtres de Séraphine n'entendaient pas la sacrifier à leur malheur. « Man fine », lui dirent-elles un jour, en l'appelant des noms naïfs qu'elles avaient l'habitude de lui donner au temps de leur enfance, « vous êtes connue à Saint-Denis, vous ne serez pas embarrassée de vous placer dans une bonne maison où vous trouverez des conditions que nous ne pouvons plus vous assurer. »

Man Fine les regarda; puis, sans mot dire, elle se remit à sa besogne accoutumée. Depuis cette époque, il a été impossible de lui faire accepter la plus minime rétribution. Quand les travaux du ménage sont terminés, elle prend une corbeille et va de porte en porte offrir, pour les vendre, les ouvrages confectionnés par les enfants dont elle est devenue la mère adoptive. Elle est âgée aujourd'hui de soixante-sept ans. Le clergé, les fonctionnaires, les notables de la Réunion ont signé le mémoire qui la recommande à l'attention de l'Académie. Le bel exemple de dévouement et d'abnégation donné par Séraphine à notre lointaine colonie de la mer des Indes nous permet de saluer, en sa personne, cette race noire sur laquelle trop longtemps a pesé l'anathème de la servitude[1].

*
* *

Est-ce sortir de notre sujet que de parler de la « bonne Mme Édouard »? Ce n'est pas une négresse, c'est une créole

[1] Le prix Souriau de 1.000 francs est accordé à Séraphine Douba.

presque blanche; ce n'est pas une esclave, c'est une femme libre, descendante des anciens propriétaires de notre colonie.

Sa vie, dit M. Mézières[1], aurait dû être écrite par un Bernardin de Saint-Pierre.

Mme Péroignez de Villecourt est née à la Réunion, bien près de l'île de France; comme Virginie, elle habite une cabane, au pied d'un grand morne; mais elle a eu le malheur d'épouser Paul, dont elle eut quatorze enfants; Paul ne l'a pas protégée, comme le héros du roman protège sa jeune compagne. C'est elle, au contraire, qui a été obligée de donner des soins à un mari peu digne d'elle et qui, pendant trente-sept ans, a veillé sur lui avec la plus touchante sollicitude, supportant seule le poids de la pauvreté, se privant du nécessaire pour qu'on ne souffrît pas trop autour d'elle, ne se plaignant jamais néanmoins et refusant les secours du dehors, afin de mieux cacher les secrètes misères du foyer domestique. La piété conjugale n'est pour elle que la première forme d'une charité dont elle semble avoir la vocation.

Après avoir perdu son mari et douze de ses enfants, après avoir vu s'éloigner les deux fils qui lui restaient, Mme Péroignez de Villecourt se donne tout entière à ceux qui souffrent. Elle soigne gratuitement les enfants malades, les infirmes, elle assiste aux derniers moments des malheureux sans famille, elle prie pour eux et les ensevelit de ses propres mains. Elle n'attend pas qu'on l'appelle; partout où elle apprend qu'il y a une misère ou une souffrance, elle accourt. Elle fait tant de bien dans le pauvre district de Salazie que tout le monde la désigne sous le nom de la « bonne Mme Édouard ».

Cette bonté est si connue que les habitants de la Réu-

[1] Mézières, *Discours sur les prix de vertu*, juillet 1882.

nion aiment quelquefois mieux s'adresser à la « bonne Mme Édouard » qu'à des membres de leur propre famille. Un père, obligé de retourner à Madagascar où il venait de perdre sa femme, confie à Mme Péroignez de Villecourt ses trois petits enfants atteints de fièvres paludéennes et qu'il n'ose exposer de nouveau à un climat meurtrier. La « bonne Mme Édouard » les conserve trois ans, en veillant sur eux jour et nuit, et les conduit alors à leur père, guéris et fortifiés. Mais elle-même est atteinte à son tour par la terrible fièvre de Madagascar; elle rentre à la Réunion avec une santé détruite et un

enfant d'adoption; car le plus jeune des petits orphelins n'a pas voulu la quitter. Elle l'élève encore aujourd'hui avec une tendresse maternelle, en remplaçant pour lui et la mère qui n'est plus et le père qui paraît l'avoir abandonné.

Une négresse de quatre-vingts ans avait été jetée dans un brasier par son mari. On l'en retira mourante. Lorsque Mme Péroignez de Villecourt fut avertie, les vers rongeaient déjà les plaies de cette malheureuse. Pendant quatre mois, la femme blanche, la descendante des anciens propriétaires d'esclaves, fit chaque jour une longue course à travers la montagne pour aller soigner la femme de couleur et réparer ainsi, autant qu'il dépendait d'elle, la longue iniquité de l'esclavage.

Un jour, la « bonne Mme Edouard » revenait de la messe lorsqu'elle aperçut, dans le torrent dont elle suivait le bord, deux petites filles qui venaient de tomber d'une passerelle. Les eaux, grossies par les pluies, roulaient des quartiers de roc et emportaient les enfants vers des rapides qui les auraient infailliblement brisées. La courageuse femme se jeta dans la ravine, toute habillée, et arracha à la mort les deux petites filles, au risque d'être broyée elle-même par les rochers.

« Dans notre pays autrefois si prospère, écrivent les représentants de la colonie, on aime à retrouver ce type de bonté, de simplicité et de dignité, qui rappelle nos dames créoles d'autrefois. Elles ont laissé dans le cœur de cette humble femme l'empreinte de leurs vertus, avec un caractère plus touchant encore, celui qu'y ajoutent nos malheurs publics et privés. » L'Académie décerne à Mme Péroignez de Villecourt un prix Montyon de 2.000 francs. Que ce souvenir traverse les mers et porte à des compatriotes, séparés de nous par des milliers de lieues, l'hommage de la mère patrie pour des vertus si véritablement françaises ! Ce n'est pas seulement le drapeau de la France qui flotte sur l'île de la Réunion ; il y a chez cette créole de vieille race comme la tradition vivante encore du grand siècle de la colonisation, d'un des âges héroïques de la patrie.

UN FILS MODÈLE

Pendant un certain temps, les actes de dévouement inspiré par les sentiments de famille trouvaient un accueil difficile auprès des différentes sociétés qui, — l'Académie, par exemple, — avaient pris à tâche de récompenser tous les genres d'abnégation et de vertu. Sans doute on eût craint, alors, de faire injure à l'humanité si l'on avait récompensé l'accomplissement des devoirs auxquels l'homme ne peut se soustraire sans se ranger lui-même parmi les êtres dénaturés.

Dans la région des principes absolus, on conçoit une telle rigueur d'appréciation. Sur le terrain des faits, il faut bien rabattre de cette sévérité. L'expérience le démontre : les vertus même les plus naturelles sont loin d'être universellement pratiquées. Les instincts de l'égoïsme et de la cupidité étouffent souvent la voix du sang. Que de fois, hélas! jusque dans les relations les plus nécessaires et les plus sacrées, intervient une ingratitude dont il est littéralement vrai de dire qu'elle est monstrueuse.

Les établissements de bienfaisance et d'encouragement divers ont donc cru sage d'accueillir les dons qui ont pour but d'encourager la piété filiale et les vertus de famille. La multiplication de ces récompenses est-elle un signe de décadence? Ce n'est pas ici le lieu de discuter ce problème délicat. Mieux vaut espérer qu'elles contribueront d'une manière efficace à mettre en honneur ces affections du foyer domestique, appelées à exercer une influence si considérable sur la moralité générale d'une nation.

*
* *

Un des traits les plus caractéristiques que nous ayons rencontrés, dans cet ordre de vertu, est celui-ci [1].

Jean Vigier, le plus jeune de quatre frères, est fils d'une pauvre veuve, née dans l'aisance et presque dans la richesse et que des malheurs de commerce, suivis des plus nobles sacrifices, ont fait descendre par degrés, d'une position élevée, dans la misère la plus profonde. La maladie était venue se joindre encore à la misère et accroître pour elle l'impossibilité d'en sortir. Pleins d'intérêt pour cette femme, et surtout pour son jeune fils Jean, dont les études donnaient de belles espérances, deux hommes de bien veillaient sur elle et sur lui, le préfet du Cantal, M. Sers, et M. Azémard, curé de Notre-Dame des Neiges; mais ces deux honorables protecteurs, dans l'intérêt du jeune Vigier, et ne pouvant suffire à la fois à soutenir le ménage de la veuve et à faire suivre à l'enfant les études qui devaient le rendre à son tour le soutien de sa mère, se concertèrent entre eux et résolurent enfin un jour de faire entrer la pauvre femme à l'hospice.

Il fallait prévenir de cette résolution le jeune Vigier, qui suivait tranquillement ses études au collège et qui se doutait à peine du dénuement de sa mère; le curé s'en chargea :

[1] LEBRUN, *Discours sur les prix de vertu*, août 1837.

il alla au collège le chercher, et l'enfant sortit avec lui, après s'être paré de ses habits les plus neufs, comme pour une promenade et une partie de plaisir.

Le curé l'amena chez lui, le fit monter dans son oratoire, et, empêché un moment, pour quelque affaire survenue, d'y monter lui-même, il lui recommanda de ne pas toucher à son bréviaire.

La première chose que fit l'enfant, ce fut de prendre le bréviaire et de l'ouvrir. Il en tombe un papier qu'il ramasse. Que voit-il? le nom de sa mère! C'était le billet d'hôpital. Frappé d'un coup si inattendu, en proie à un saisissement singulier et nouveau, que de choses se révèlent à lui, dont il n'avait pas la moindre idée! Il venait de comprendre le malheur. Il se sentit tout à coup mûr; il devint homme en ce moment. Il avait neuf ans et demi.

Il sort sans être vu de personne, va au collège reprendre ses habits de tous les jours, et il revient ensuite dans l'oratoire.

Le curé, qui était monté après son départ, s'aperçut bien vite que l'enfant avait cédé à la curiosité. Il s'inquiétait de son absence, et, quand il le vit rentrer, il ne put s'empêcher de lui dire avec douceur : « Tu as péché par curiosité, pauvre enfant, mais tu as été puni par ton péché même, et tu es allé te cacher pour pleurer. — Non, Monsieur le curé, je n'ai pas pleuré. Je sais tout. Ma mère n'ira point à l'hôpital. Elle y mourrait de chagrin. Je ne rentrerai point au collège. Je resterai avec ma mère. Je soutiendrai ma mère. »

Le curé, frappé d'une résolution si inattendue de la part d'un enfant de si jeune âge, et exprimée avec une énergie si remarquable et toute surnaturelle, après lui avoir fait lui-même des observations qui échouèrent devant son invincible fermeté, appela à son aide des personnes considérables d'Aurillac, amies de la famille de l'enfant, qui échouèrent à leur tour; et quand on cherchait à lui faire comprendre qu'en suivant ses études il pouvait être un jour bien plus utile à sa mère, il ne comprenait qu'une idée et n'avait qu'une réponse : « Ma mère n'ira pas à l'hôpital. Ma mère, accoutumée à un autre sort, y mourrait de chagrin. Ma mère n'a de consolation que moi : je ne l'abandonnerai pas. Je ne rentrerai pas au collège. »

Jean fit venir chez le curé ses trois frères, qui étaient ses aînés et gagnaient déjà leur vie. Il leur proposa de soutenir avec lui leur mère, ils restèrent froids. Il leur demanda alors de faire, du moins, quelques avances, et leur promit, avec l'accent de la vérité, qu'il les leur restituerait plus tard. Ils restèrent froids encore, et puis ils dirent qu'ils ne le pouvaient pas.

Jean laissa partir ses trois frères sans leur faire de reproches. Il renferma dans lui seul son espérance. Il se sentit presque fier de ne pouvoir plus compter que sur lui-même : sa résolution en devint d'autant plus irrévocable. Il fit vendre ses habits neufs et sa montre d'or, que le préfet lui avait donnée, un jour de triomphe, au collège. Il se fit porte-balle; il vendit des gâteaux, des joujoux d'enfant, il gagna du pain, il donna un lit à sa mère.

Dix-neuf ans se sont écoulés depuis le jour où se passaient ces scènes touchantes; et depuis dix-neuf ans le sacrifice volontaire s'accomplit sans interruption, Jean Vigier n'a pas cessé d'être le modèle du plus parfait dévouement filial. Il n'a pas quitté un moment la pauvre veuve malade. C'est encore sur son bras qu'elle s'appuie quand elle va, par un jour de soleil, glaner dans les champs. Il a tout refusé pour ne s'éloigner ni d'elle, ni de sa ville natale, où son sort est si loin d'être heureux. La Providence devait à un tel enfant un meilleur avenir. Il se soumet à bien des humiliations, content d'en avoir pu épargner une à sa mère. Plein de fierté au fond de l'âme, il a consenti, pour rester près d'elle, à servir

et à servir de commissionnaire dans une hôtellerie, c'est-à-dire dans le lieu où l'on est le plus en butte au mépris, aux insolences. Lorsque, jetant un coup d'œil en arrière, il se souvient qu'il était dans l'aisance; que, s'il avait voulu, s'il avait suivi le cours de ses études de collège, il aurait repris dans le monde la place que la mauvaise fortune lui avait ôtée ; qu'il serait maintenant, comme les autres, négociant, magistrat, officier, l'égal ou le supérieur de ceux qui le méprisent, ah ! il a besoin de penser à la cause de son sacrifice. Pour supporter avec constance et douceur une telle vie, alors qu'on pouvait la choisir meilleure et que chaque jour encore on pourrait s'y soustraire, quand on met sous ses pieds les mobiles des actions ordinaires, l'intérêt et la vanité, quand on résiste même aux entraînements de la jeunesse, il faut plus que la tendresse d'un fils pour sa mère, il faut plus que le devoir et l'amour, il faut la vertu.

LA VERTU DES PARISIENS

Je n'ai pas la prétention, dit M. Léon Say[1], de définir le Parisien, et je n'oserais pas définir la Parisienne ; c'est la tâche impossible, parce que, sans être changeants, les Parisiens sont presque toujours de la couleur de ceux qui les regardent, quand ceux qui les regardent ont de l'esprit. Leurs qualités et leurs défauts sont à facettes. Ils brillent toujours par un côté, ce qui met tous les autres dans l'ombre. Paris, aperçu de tant de points de vue divers, excite naturellement les passions les plus contraires. On l'aime et on le déteste, on en a toujours dit et on en dit encore beaucoup de bien et beaucoup de mal. Et puis, Paris est comme un univers. Il est divisé en une infinité de mondes. Chacun des mondes qui le composent pense, vit et parle comme si les autres n'existaient pas. Aussi le voyageur qui navigue au milieu de cet archipel peut-il dire du mal de l'un d'eux sans y entendre malice. Il croit avoir tout vu, tout connu, tout jugé. Le fait est qu'il a longé les côtes de toutes sortes de mondes parisiens qui ne se sont pas révelés à lui ; dont, loin de médire, il aurait chanté le climat, la douceur et la vertu,

[1] Léon Say, *Discours sur les prix de vertu*, novembre 1890.

si le vent contraire, complice des passions soulevées contre Paris, ne l'avait éloigné de leurs rivages.

Si le vice s'étale souvent à Paris, la vertu y trouve encore des recoins où se cacher ; il est vrai qu'il faut la chercher avec beaucoup de persévérance pour la découvrir. Elle a trop de contact avec le vice pour ne pas rechercher l'ombre.

C'est que, dans les grandes villes, en fait d'honneur et de honte, de bonne et de mauvaise vie, les extrêmes se touchent. Paris offre aux faibles de tristes occasions, incessamment renouvelées, de succomber, quand la force de résistance dont ils sont doués est inférieure aux tentations dont ils sont l'objet; mais il offre aussi, à un grand nombre de braves gens, l'occasion contraire de faire sans bruit leur devoir. L'obscurité de la vie qu'on peut y mener est même quelquefois, pour les âmes timides, une défense contre les mauvaises inspirations de cette vanité si répandue, qui craint le qu'en-dira-t-on du voisinage. L'isolement dans la foule parisienne est plus profond que partout ailleurs, parce que l'égoïsme de ceux qui vous y coudoient le rend à peu près inévitable.

Il est possible que le monde qu'on voit à Paris ne prenne pas les choses assez au sérieux et qu'il rie trop de tout ; mais, dans le monde qu'on ne voit pas, il y a beaucoup de braves gens, qui ne rient jamais et pleurent souvent. Tout n'est pas gai à Paris. Tout n'y est pas bon non plus; mais il ne faut pas dire que tout y soit mauvais.

Paris apparaît presque toujours à ceux qui essaient de le comprendre, poètes ou non, comme un être vivant. Pour les uns, c'est un géant admirable et capable de tout ce qui est noble; ses plus petites actions sont grandes; son esprit est du génie, et son intelligence voit le beau et le bien sans efforts, comme par intuition.

Pour les autres, c'est un monstre méprisable et capable

de tous crimes, un tison d'enfer, un réceptacle de vices, il s'est fait Babylone pour détruire ce qui restait encore en lui de sens droit, pur et divin. Son esprit n'est que dénigrement, et le mot de devoir n'a pas de sens pour lui.

Comme un corps vivant, Paris a des organes; ce qui le mène, c'est tantôt un cerveau puissant et tantôt un cœur aimant. Il ne faut pas croire que ces sortes de comparaisons anatomiques déplaisent aux Parisiens. Fait singulier qui, d'ailleurs, n'a pas peu contribué à discréditer Paris auprès des bonnes gens, on rencontre plus de Parisiens flattés d'être pris pour des cerveaux que pour des cœurs. Ils laissent volontiers aux provinciaux la gloire du cœur comme étant moins noble que celle du cerveau.

Un président du Corps législatif, dont on avait pu dire, plus justement que d'un autre personnage, qu'il était né sur les marches d'un trône, et dont les reparties ont été souvent marquées au coin de Paris, interrompit un jour, du haut de son fauteuil, un de ces Parisiens spirituels et sensés que Paris chargeait alors de défendre ses droits. Le Parisien de Paris avait dit que Paris était le cerveau de la France. « Si vous dites que Paris est le cerveau de la France, repartit le Président, on pourra vous dire que la province en est le cœur, et on pourra ajouter que la France a quelquefois mauvaise tête et toujours bon cœur. »

Le mot plut; il était joli sans être méchant. Personne ne s'en formalisa. Je le trouve pourtant souverainement injuste.

Le Président ne connaissait pas les vertus de Paris.

Il n'avait pas lu dans le cœur de Paris, comme nous y lisons nous-mêmes dans nos enquêtes sur les prix de vertu.

Il est possible que les mauvaises têtes, comme l'esprit d'ailleurs, courent les rues; mais au fond de bien des retraites où d'humbles vies s'usent silencieusement dans l'obscurité du travail, on rencontre à Paris une légion de cœurs excellents. Ils restent ignorés, cela est certain ; ils ne sont pas appréciés comme ils devraient l'être, je n'en disconviens pas, mais par l'unique raison qu'ils ne se soucient pas d'être découverts et ne tiennent pas à être jugés par les fortes têtes du voisinage.

Ces héros inconnus travaillent pour tout autre chose que pour être l'objet de notre curiosité. Ils n'ont pas d'horizons sans doute et ne projettent pas leurs regards au loin, mais ils voient avec sûreté où il faut mettre le pied. Ils marchent droit dans des sentiers que nous ignorons et ne nous croisent pas dans la vie.

Pour la vertu, Paris vaut bien la province. Notre pays a fait son unité ; la charité y est indivisible ; elle est la même partout, et on ne peut pas accoler à son nom aucune épithète géographique.

La France, toute la France, Paris et la province, tête et cœur, action et amour, forme un seul et grand peuple qui, dans l'adversité comme dans la bonne fortune, n'a jamais été désenchanté du bien ; qui, même dans les jours où il était animé des passions violentes, n'a jamais cessé d'aimer, de toutes les forces de son âme, le beau et le vrai, parce qu'il a toujours gardé, profondément gravé dans son cœur, le sentiment de sa grandeur morale.

*
* *

Voilà qui est superbement dit, et il ne serait pas malaisé de trouver chaque année les preuves de ces assertions.

Nous empruntons la première à un vieux et spirituel Parisien, M. François Coppée ; lui aussi s'exprime en des termes semblables[1].

[1] François Coppée, *Discours sur les prix de vertu*, novembre 1893.

Ce n'est pas seulement au village que fleurit la vertu : nous allons la découvrir, s'il vous plaît, dans une des plus sombres et des plus étroites ruelles du vieux Paris, dans la rue de l'Hôtel-de-Ville.

Il y a quelques années, les époux Bourzat, celui-ci infirme, celle-là malade, avaient ouvert là une petite crémerie. Tous les flâneurs connaissent bien la physionomie de ce genre d'établissement, avec sa vitrine invariablement ornée de deux grandes terrines, l'une de riz au lait et l'autre de crème au chocolat. Dans la plupart des crémeries, le chiffre d'affaires est généralement très médiocre. Il était presque nul dans la boutique de la rue de l'Hôtel-de-Ville, parce que les Bourzat, comme on dit vulgairement, étaient trop bons. Ils avaient pour convives des pauvres, des infirmes, des enfants affamés, à qui l'on ne refusait jamais la nourriture; et le fils de la maison, le jeune Louis Bourzat, qui tient de ses parents les sentiments le plus charitables, leur amenait sans cesse de nouvelles pratiques et augmentait ainsi cette onéreuse clientèle.

Ce fut d'abord une vieille femme, puis un vieux professeur, qui avait donné à Louis des leçons de grammaire, et qui, tombé dans la pire détresse, menaçait de se suicider. L'enfant supplia sa mère de le garder à la maison : on le garda six mois, partageant avec lui le peu qu'on avait.

Au vieux professeur succéda une femme aveugle. Louis l'aidait à manger, lui découpait ses morceaux, lui glissait parfois dans la main quelques sous, ses économies d'écolier. On recueillit encore, chez ces bonnes gens, une pauvre fille à jambe de bois, atteinte d'une maladie incurable.

Je n'ai pas la prétention de vous étonner, Messieurs, en vous apprenant que les Bourzat n'ont pas fait fortune; tout au contraire, ils durent fermer leur crémerie. Ce fut la misère. Mais, aujourd'hui, Louis a dix-sept ans, il est menuisier, gagne sa journée. Modèle de piété filiale, il fait vivre ses parents ruinés, tout en restant fidèle à leurs traditions de dévouement et de bonté. Dans ces temps derniers, il a installé dans sa chambre et soigné jusqu'à la dernière heure un de ses camarades, un ouvrier comme lui, à qui jadis il avait appris à lire et qui se mourait de la poitrine. Aujourd'hui il prend soin du tombeau de son ami. Ces petits crémiers de la rue de l'Hôtel-de-Ville, qui furent de si détestables commerçants, mais qui soulagèrent tant d'infortunes dans leur voisinage, méritaient certes un prix de vertu; vous avez cru mieux faire et les récompenser encore plus, en attribuant ce prix à leur excellent fils, malgré son extrême jeunesse. Ces âmes délicates comprendront votre intention. Vous encouragez ainsi ce jeune homme à marcher toujours dans la bonne voie, et vous honorez le père et la mère qui lui ont enseigné de tels principes et donné de tels exemples.

Dans le livre d'or où vous enregistrez tant de bonnes actions, votre rapporteur, qui est un vieux Parisien, a eu la fierté de rencontrer le nom de son pays sur bien des pages : permettez-lui de vous en lire encore une.

Mme Baube, née Madeleine Poulalion, n'avait que dix-sept ans quand elle entra au service d'une de ses parentes, Mlle Morand, qui dirigeait un petit pensionnat de la rue Lacépède. C'est, vous le savez, un quartier de très pauvres gens. L'institutrice était âgée déjà, et l'établissement ne prospéra point. Tout de suite, les gages de Madeleine furent supprimés. Loin de s'en plaindre, elle donna tout ce qu'elle possédait, apprit le métier de brodeuse afin de gagner du pain pour deux, puis, l'ouvrage lui manquant dans ce métier, se remit en place ailleurs, sans jamais abandonner sa maîtresse. Un honnête employé, M. Baube, épousa Madeleine. D'accord avec lui, elle prit alors chez elle, dans son très modeste ménage, Mlle Morand, qui venait d'être frappée de paralysie, et lui prodigua des soins incessants. La pauvre vieille s'est éteinte, à l'âge de quatre-vingt-quatre ans, dans les bras de son ancienne servante, devenue sa filiale amie.

Remarquez ici, Messieurs, ce caractère de persévérance dans le bien que vous exigez avec raison de vos lauréats. Les Espagnols, qui se connaissent en bravoure, disent rarement : « Un tel est brave », mais bien : « Un tel a été brave, tel jour, en telle circonstance. » Ils n'ont pas tort d'être si réservés. Les grandes vertus, le courage comme la bienfaisance, ne valent que si elles durent et si elles sont toujours prêtes. Combien peu sont bons comme le Cid était brave, toujours ! Mais vous pouvez dire de l'humble femme dont je viens de vous parler qu'elle est bonne, parfaitement et continuellement bonne. Son dévouement, qui n'a connu aucune lassitude, aucune défaillance, et qui lui coûte aujourd'hui la santé, a duré pendant vingt-six ans.

*
* *

Et ce n'est pas seulement notre époque qui voit naître et croître ces vertus sur les pavés de la Grande Cité. Chaque année nous apporte une éclosion nouvelle, fleurs et fruits de bienfaisance, qui se succèdent là comme en province, dans le cœur généreux de l'ouvrier et du petit commerçant.

La nuance seule et le ton diffèrent : mais ce sont les mêmes fleurs.

Les époux Renier[1] ont eu autrefois quelque fortune ; ils exerçaient, dans un quartier populeux de Paris, un commerce de charbon et de bois. Le mari était rangé, la femme économe, la boutique achalandée. Ils auraient dû s'enrichir ; il n'en était rien pourtant. Les époux Renier avaient une passion qui les entraînait à des dépenses plus grandes que leurs ressources ; car toutes les passions vraies et vives sont naturellement un peu aveugles et imprudentes. Ces braves gens avaient la passion de la bienfaisance. Au lieu de vendre leurs marchandises, il leur arrivait bien souvent de les donner pour rien. On comprend qu'à ce compte ils devaient avoir beaucoup de pratiques et peu de profit. Parmi les pauvres familles de leur voisinage, celle-ci manquait de charbon pour préparer ses aliments, cette autre de bois pour se chauffer au milieu d'un hiver rigoureux. Mme Renier ne pouvait résister à la vue d'un si pénible spectacle. « Peut-on laisser, disait-elle, des malheureux mourir de froid, quand on a un chantier à sa disposition ? » La charité faisait alors taire l'esprit du négoce, et la marchande se transformait en sœur hospitalière.

Dans leur maison habitait un homme livré à toutes les misères physiques et morales dont la maladie, la pauvreté, l'isolement peuvent accabler la vieillesse. Un tel malheur placé si près d'eux avait des attraits irrésistibles pour les époux Renier. Le vieillard devint un membre de leur famille. Il mourut près d'eux sans s'être jamais aperçu des durs sacrifices qu'il leur imposait.

Près des époux Renier vivait un jeune ménage, qui

[1] De Tocqueville, *Discours sur les prix de vertu*, juillet 1847.

cachait avec soin, sous des dehors décents, une grande pauvreté. Le mari écrivait, et, quoique dans un siècle où les lettres donnent souvent plus de profit que de vraie gloire, il avait grand'peine à faire vivre sa jeune femme du produit de sa plume, et à en vivre lui-même. Une longue maladie survint, et avec elle les créanciers, puis les huissiers, puis la saisie. On ne lui laissa bientôt rien que la vie; encore le désespoir et la misère allaient en abréger le cours, lorsque le spectacle attira les regards des époux Renier.

Ceux-ci se contentèrent d'abord de payer quelques dettes qui restaient encore au jeune ménage. Puis, la tentation devenant plus forte à mesure qu'ils y cédaient davantage, ils conçurent le désir d'attirer ces malheureux chez eux et de les y loger. Mais la place manquait; voici comment ils y pourvurent. Quand j'ai dit que Renier n'avait qu'une passion, la bienfaisance, j'exagérais un peu; il en avait encore une autre qui, bien que fort petite en apparence, devient très tyrannique quelquefois. Il avait la passion, ou, si l'on veut, la manie de la botanique; il faisait depuis longtemps une grande collection de plantes, et il aspirait secrètement à la gloire de composer enfin un bel herbier. Un appartement était consacré à cet usage; il en emportait toujours la clef avec lui, de peur qu'on lui dérobât son trésor. L'herbier fut sacrifié pour sauver le pauvre ménage. Le sacrifice est petit, dira-t-on; mais le sentiment qui l'a fait faire ne l'est point, et peut-être que Dieu, qui sait le fond des cœurs et qui voit si bien que la grandeur des affections humaines est rarement en proportion de la grandeur de l'objet qui les fait naître, tiendra plus de compte à ces pauvres gens de s'être privés, par charité, de leur herbier, que d'avoir abandonné tout le reste.

Quand la vertu a une fois pris l'allure vive de la passion,

elle ne recule pas devant les entreprises ardues. Le difficile la tente, le rare l'aiguillonne, et, dans ses caprices sublimes, on la voit souvent préférer le bien qui est loin d'elle à celui qu'elle peut accomplir aisément. Les époux Renier découvrirent un jour, sous un hangar, au milieu d'ordures et d'immondices, un pauvre idiot qui semblait parvenu à ce comble de misère où l'homme ne comprend plus même qu'il est malheureux. Quels étaient son nom, ses parents, son histoire? Nul ne le savait, il l'ignorait lui-même; ce spectacle ne les rebuta point. Ils entreprirent de réunir et de diriger les rayons épars et divergents de cette faible intelligence, et ils y parvinrent. L'idiot aperçut bientôt avec plus de clarté le spectacle du monde, dont il n'avait eu jusque-là qu'une vue confuse et troublée. Il comprit, pour la première fois, une partie de ce qu'il n'avait fait encore que voir. Il apprit du moins ce qu'il faut savoir pour gagner sa vie en travaillant. On pourrait presque dire que les époux Renier ont plus fait pour lui que Dieu même, car ils lui ont donné l'intelligence, tandis qu'avant de les connaître il n'avait que la vie.

Pour pouvoir venir en aide aux malheureux, ils achevèrent de déranger leur petite fortune. On les vit prendre d'abord sur le superflu, puis sur l'utile, puis sur le nécessaire. Ils sont aujourd'hui presque aussi pauvres que ceux qu'ils ont secourus jadis[1].

[1] L'Académie décerne aux époux Renier un prix de 2.000 francs.

*
* *

Suivons maintenant M. Viennet dans un galetas de la rue des Poules [1]. Combien ce nom, à lui seul, sent bien le vieux Paris. Là vit et travaille une couturière du nom d'Anne Billard. Son mari était boulanger; son four chaque nuit cuisait des pains nombreux que, souvent, les clients ne payaient pas; et ni le mari, ni la femme n'avaient le courage d'en refuser à celui qui avait faim. Le nombre de leurs débiteurs insolvables, toujours croissant, épuisa leurs ressources. Leur charité les fit pauvres; le mari ne put supporter cette situation nouvelle, et un cabanon de Bicêtre cacha bientôt sa malheureuse existence.

Anne Billard, seule maintenant, n'a pour lit qu'un matelas bien menu et une unique couverture; elle est sans feu l'hiver; elle vit de mauvais bouillon, de légumes ramassés souvent au coin des bornes, de pain dont les prisonniers ne veulent plus. Et vous croyez que je vais vous parler de quelque âme charitable qui vient au secours de la pauvre sexagénaire? Non, c'est elle qui va au secours des autres. Le produit de son aiguille lui donnerait des meubles, une nourriture plus abondante et plus saine; mais il y a près d'elle une femme plus malheureuse encore, une vieille institutrice, infirme, à qui le travail est interdit.

Anne Billard la soigne, la nourrit pendant quatre ans. Des malades, des pauvres honteux, deviennent ses pensionnaires; un vieux soldat septuagénaire, père de quatre enfants, chevalier de la Légion d'honneur, est secouru par ses bienfaits; un ancien serviteur de son ancienne prospérité, un pauvre Polonais, dont elle a même ignoré le nom, sont arrachés par elle à la faim, à la misère; et voilà treize ans que cette

[1] Viennet, *Discours sur les prix de vertu*, septembre 1846.

vie dure, et jamais une plainte ne sort de sa bouche; et, quand on s'en étonne, elle fuit les éloges en disant que cela est naturel et que tout le monde, à sa place, en ferait autant[1].

*
* *

Anne Billard est étonnante! La charité a de ces naïvetés. Non, certes, tout le monde n'en ferait pas autant; mais cette femme dévouée eut, avant et depuis elle, des émules.

Voici la femme Jacquemin[2]. Son mari est porteur d'eau, rue des Quatre-Fils, au Marais. Cette profession déjà nous rejette loin; la scène, en effet, est de 1823. Il est père de trois enfants, dont un de cinq ans, muet et impotent; il ne gagne que trente-cinq sous par jour. Or, sa femme vint, un jour, solliciter des secours pour une femme indigente, infirme, privée de deux doigts et hors d'état de gagner sa vie.

Elle s'était adressée au curé de Saint-Jean-Saint-François. Entre eux s'engage le dialogue suivant, reproduit textuellement par le rapporteur de l'Académie.

— Où demeure cette femme? lui dit le curé.

— Chez nous.

— Depuis quand?

— Dix mois, le onzième commence.

— Que vous paye-t-elle par mois ou par jour?

— Rien.

— Comment rien?

— Pas de quoi mettre dans l'œil.

— Elle est au Comité?

[1] Anne Billard reçoit un prix de 500 francs.

[2] FRAYSSINOUS, *Discours sur les prix de vertu*, août 1823.

— Oui, et moi j'y suis aussi, et j'ai le pain de nos enfants. Depuis qu'elle est avec nous, j'allonge la soupe, elle la mange avec nous.

— Vous n'avez pas le moyen de faire ce sacrifice; au moins elle vous a promis qu'un jour ou l'autre elle vous dédommagerait?

— Elle ne m'a promis et ne me promet que ses prières.

— Votre mari ne murmure-t-il pas?

— Mon mari parle peu, il ne dit rien, il est si bon!

— Ne va-t-il pas au cabaret?

— Jamais. Il travaille et se tue pour ses enfants.

— Il est porteur d'eau au tonneau?

— Non, monsieur, à la brasse.

— Depuis dix mois, c'est bien long!

— Elle était dans la rue, m'avait demandé asile pour deux ou trois jours, et Jacquemin et moi nous n'aurions pas le cœur de la mettre à la porte. Il dit, d'ailleurs, qu'il faut faire aux autres comme à nous.

— Mais ma bonne femme, de quoi est composé votre logement?

— De deux chambres.

— Combien le payez-vous?

— Je le payais cent vingt francs; on m'a augmenté de vingt francs; ce qui fait huit sous par jour.

— Mais il me semble que c'est pour vous que vous devriez demander des secours?

— Je vous ai déjà dit, Monsieur le curé, que j'ai le pain de mes enfants; je ne demande rien; grâce à Dieu, aussi longtemps que mon mari et moi pourrons travailler, je rougirais d'importuner personne pour nous.

— Eh bien, ma bonne femme, voici dix francs pour...

— Que la pauvre Mme Pétrel va être heureuse.

Des larmes de joie coulèrent des yeux de cette femme charitable; c'est à elle, dit le curé en terminant, que je voulais donner ces dix francs : je la laissai dans l'erreur; elle était si honorable pour elle[1] !

[1] L'Académie décerne à la femme Jacquemin une médaille de 1.000 francs.

DANS LA FOULE

Paris célébrait, par des fêtes publiques qui devaient durer plusieurs jours, le mariage du duc d'Orléans, fils de Louis-Philippe. Au soir du 14 juin 1837, après la première fête brillamment terminée, la foule se précipita pour sortir du Champ de Mars. Un encombrement se produit au passage de la grille voisine de l'École militaire. Une femme suffoquée tombe, ceux qui la suivent trébuchent sur elle, poussés par les survenants qui se précipitent et s'écrasent mutuellement. De là un désordre effroyable, un affreux tumulte, des morts, des mourants. Pareil malheur était arrivé déjà aux réjouissances qui marquèrent le mariage de Louis XVI et de Marie-Antoinette.

Laissons l'académicien Lebrun retracer ces scènes de désordre, les dévouements qui s'y illustrèrent et la biographie du principal personnage, l'adjudant Martinel[1].

L'adjudant Martinel, du 1er de cuirassiers, se trouvait en ce moment devant le quartier de son régiment, voisin de la grille : il entend le tumulte ; il accourt, il se jette au-devant de la foule, qu'il cherche à repousser de ses efforts, de sa

[1] LEBRUN, *Discours sur les prix de vertu*, août 1837.

voix, de ses prières, pour rendre plus libre le passage et pour en retirer les victimes ; mais la foule, ignorante en même temps qu'épouvantée de ce qui se passe, pousse toujours en avant, s'amoncelle de plus en plus, et accroît le péril de tous les efforts qu'elle fait pour en sortir. Dans la lutte, un if illuminé se renverse et barre le chemin. C'est presque vainement alors que le brave Martinel, aidé de quelques cuirassiers, s'efforce d'arracher les malheureux, renversés et blessés, à une mort imminente. Il a bientôt compris qu'il n'existe qu'un moyen de les secourir et de prévenir de plus grands désastres ; ce moyen, c'est de couper la foule au dedans de la grille. Il court au quartier du régiment ; on sonne à cheval ; il n'attend pas de lui-même que les hommes de garde soient prêts, car il n'y a pas un seul moment à perdre. Entraînant sur ses pas quelques cuirassiers, il se jette à pied dans l'intérieur du Champ de Mars ; il se fait jour à travers la foule, qu'il écarte de toute la force que prête à sa force ordinaire le sentiment de la mission qu'il s'est donnée ; il met, pour arriver au plus fort du péril, toute l'ardeur que les autres mettent à s'en tirer. Il y pénètre enfin, guidant le cuirassier Spenlée, qui, seul de ses camarades, a pu continuer à le suivre ; et là, s'adossant à la foule, à la façon d'un guerrier d'Homère, il travaille, avec une admirable énergie, à dégager le passage, à relever ceux qui ne sont plus, à sauver ceux qui respirent encore. Un vieil invalide évanoui et un jeune soldat sont emportés dans ses bras et arrachés par lui à la mort, et successivement, un jeune garçon, une femme, une petite fille, neuf personnes enfin. On le voit sortir, rentrer sans cesse ; en tirant des victimes de la foule, il a failli y rester, n'importe ; il y revient pour en chercher encore ; il ne croit jamais avoir fini sa tâche. Épuisé, haletant, rien ne peut assouvir cet insatiable besoin dont l'humanité le tourmente ; il poursuit sa

... Il se jette au-devant de la foule... (Page 71.)

besogne héroïque, au péril continuel de sa vie, donnant à tous l'élan, encourageant tout le monde de sa voix comme de son exemple. Le cuirassier Spenlée, électrisé par lui, sauve à la fois de la terrible bagarre un homme et un enfant. Les officiers de son régiment y sont aussi dignement représentés que les sous-officiers et les soldats. Le porte-étendard Nitz se précipite pour délivrer une femme qu'on écrase; le lieutenant Gruss, qui emportait dans ses bras une jeune fille sans connaissance, se fait encore mettre un jeune garçon sur les épaules et lutte une demi-heure contre la foule avec ce double fardeau ; il tombe près de périr. Martinel, renversé lui-même, était sur le point de succomber.

C'est alors qu'on vit un curieux et touchant spectacle. Un piquet de cuirassiers, envoyé pour mettre une digue à l'immense flot qui envahissait la grille, parut de loin, au-dessus de la foule, exécutant la manœuvre de salut dans cette mêlée d'espèce nouvelle. On voyait ces braves, consternés et silencieux, s'avancer pas à pas, lentement, avec prudence, sur des chevaux qui, comme s'ils eussent compris l'humanité de leurs maîtres, semblaient marcher eux-mêmes avec précaution. Il était touchant de voir de tous côtés des mains s'élever vers eux comme vers des libérateurs, et leur tendre des enfants dont ils chargeaient la croupe et le cou de leurs chevaux. A force de lenteur et de ménagements, un à un, deux à deux, en longue et patiente file, ils sont parvenus à enfoncer peu à peu la foule : ils l'ont enfin coupée ; ils ont posé la digue à sa masse immense; la grille est dégagée, les communications sont rétablies, le peuple s'écoule. Officiers, colonel, général, rétablissent l'ordre, complètent les mesures de salut, organisent celles de secours. Alors la scène change, et c'est un autre genre d'exercice qui est offert à l'humanité des soldats et des citoyens; les uns et les autres s'unissent pour secourir les victimes, pour les mettre en lieu d'asile; on établit dans la caserne des ambulances, les cantinières deviennent des Sœurs de Charité; on apporte les blessés, on leur prodigue les soins les plus délicats et les plus attentifs. Des

jeunes filles, épouvantées, en revenant à elles, de se trouver ainsi entourées d'inconnus, se rassurent bientôt en voyant le respect dont on les environne. Il était beau de trouver dans tous ces hommes de guerre tant de sentiments de douce et délicate pitié, de sentir des cœurs si humains palpiter sous les cuirasses. Empressés, attentifs, debout toute la nuit, ils apportaient incessamment aux blessés leur linge, leurs matelas, leurs couvertures : aussi admirables dans cette veille de charité qu'ils le furent jamais dans un jour de bataille.

Certes, au milieu de tant de braves gens, c'est une grande gloire d'avoir pu être remarqué. Il a été bien honorable pour Martinel, quand tant d'autres avaient plus ou moins droit à la récompense, d'avoir été nommé par tous comme celui qui l'avait méritée. Et nous, quand cette approbation universelle est venue nous demander pour lui la couronne que nous accordons aux actions vertueuses, nous l'en avons pu juger d'autant plus digne que nous avons cru reconnaître à ces dévouements successifs qui, dans une heure, se sont renouvelés assez de fois pour honorer toute une vie, les caractères auxquels on reconnaît la vertu, je veux dire la constance, la continuité, l'entier oubli de soi-même. En voyant Martinel si à son aise au milieu du danger, accomplissant des actions si difficiles d'une manière si naturelle, nous nous sommes dit : « Cet homme a l'habitude de telles actions ; il les trouve trop simples à faire pour en être à son essai. » Alors nous avons cherché dans sa vie, et voici ce que nous avons trouvé.

Mais à quoi bon raconter ici les divers faits de dévouement, de courage et d'humanité qui ont honoré sa carrière ; sa promptitude à se précipiter, en toute occasion, pour sauver des malheureux, soit dans la rivière, soit dans les incendies, partout où il y a un danger à courir, partout où il trouve à bien faire? Que deux traits suffisent pour donner ici l'idée de tous les autres.

En 1820, à Strasbourg, un soldat était tombé dans la rivière de l'Ill, près des écluses d'un moulin ; la place ne laissait guère de chance de salut, et c'en était fait du malheureux. Aux cris d'une femme au désespoir, Martinel, qui passait, s'élance tout habillé, sans regarder s'il y va ou non pour lui de la vie ; il nage droit vers l'écluse, et là, s'appuyant d'une main au poteau de la vanne, il se dispose à saisir de l'autre au passage le malheureux qu'un courant rapide emporte vers la roue du moulin. Il le voit venir, enfoncé déjà de plusieurs pieds sous l'eau ; il faudrait quitter son appui pour le saisir, mais il sera entraîné lui-même ; il le quitte cependant, saisit le corps, passe sous la roue du moulin avec lui, emporté par la rapidité du courant, et reparaît bientôt de l'autre côté de l'écluse, sans avoir lâché le malheureux qu'il rapporte au bord, et qu'on rend à la vie.

Une autre fois, à Strasbourg encore, ce n'est plus dans l'eau, c'est dans le feu qu'il se jette, c'est dans un péril plus grand et plus certain, dans une poudrière qu'un incendie est près de faire sauter, et c'est un sentiment d'humanité exaltée qui le pousse, car au-dessus de cette chambre qui renferme un baril de poudre et mille paquets de cartouches, il y a une infirmerie, où neuf de ses camarades sont retenus dans leur lit. De tous côtés on se sauvait. Martinel décide plusieurs hommes à secourir avec lui l'infirmerie, et il monte, sans s'apercevoir que l'incendie qui augmente a déjà empêché ses compagnons de le suivre. Il arrive seul à la porte d'une chambre voisine de celle où sont les cartouches ; il trouve, par fatalité, cette porte fermée ; d'un banc il se fait un bélier et l'enfonce ; mais là, près de passer outre, et, comme il allait se précipiter, de grandes flammes le repoussent. Alors sa résolution chancelle, il recule, il va redescendre ; puis il pense tout à coup que le feu s'approche des cartouches, et que, s'il manque de résolution, ses camarades vont sauter : l'instinct de sa propre conservation alors ne l'arrête plus, il s'élance en fermant les yeux, à travers la flamme, et les habits, les mains, le visage, les cheveux noircis, brûlés, il trouve avec bonheur les cartouches encore intactes, il repousse, il écarte les amas de papier d'enveloppe que le feu allait gagner, il paraît à la fenêtre, il crie, il appelle : « De l'eau, de l'eau ! » Sa présence dans la poudrière rassurant ses camarades sur l'imminence du péril, ils montent : la chambre des cartouches est inondée, et les neuf malheureux sont sauvés.

De tels faits, que nous ignorerions encore si d'autres faits plus récents ne les eussent mis en lumière, auraient suffi pour mériter notre choix. Certes, ce n'est pas un dévouement ordinaire qui lui fait affronter ainsi l'eau, le feu, tous les dangers. Quand, après l'avoir vu à Strasbourg, en 1820, et même à Nancy, en 1817, se prodiguer partout où l'humanité lui montre un bon emploi de sa force et de son courage, nous le retrouvons en 1837, à Paris, dans le Champ de Mars, le même au bout de vingt années ; quand nous le voyons couronner ses dévouements habituels par un dévouement si vraiment admirable, nous ne pouvons hésiter à lui décerner un prix que ses camarades, ses officiers et tous les témoins de son action lui accordent d'ailleurs d'une voix si unanime. Nous ne nous sommes pas contentés d'écouter cette voix de loin ; nous avons été nous-mêmes interroger sur place l'admiration qu'il a inspirée ; nous nous sommes transportés au lieu qui a vu son dévouement ; nous avons entendu les généraux, les officiers, les soldats, les citoyens, les victimes sauvées, les magistrats de la cité ; nous avons écouté, dans la caserne, ses émules eux-mêmes ; et ceux qui pouvaient prétendre le plus à lui disputer le prix ont été les plus ardents à déclarer qu'il en était le plus digne, et qu'il avait remporté l'honneur de la journée.

L'Académie française décerne le grand prix des actes vertueux à Mathieu Martinel, du village de Hambourg, département de la Moselle, adjudant sous-officier au 1er régiment de cuirassiers.

L'Académie, en le lui décernant, est heureuse de songer qu'elle couronne, avec lui et en lui, ce grand nombre de braves dont les dévouements se sont signalés autour du sien, dans la soirée du Champ de Mars. Elle voudrait pouvoir détacher, en quelque sorte, pour chacun d'eux, une feuille de la couronne qu'elle décerne à l'adjudant Martinel. Le lieutenant Gruss, le porte-étendard Nitz, le cuirassier Spenlée, sont dignes assurément d'être nommés après lui, devant cette assemblée, avec le même honneur qu'ils l'ont été devant leur régiment par l'ordre du chef même de l'armée.

Mais tous les corps présents au Champ de Mars y ont apposé, si je puis parler ainsi, leur contingent de dévouement, de zèle et d'humanité. Les ordres du jour de cinq régiments ont signalé des noms dignes aussi de louanges : le 11e de dragons, ceux du brigadier Budy, de Vigier, de Rivallier et de Schuburn ; le 19e léger, le musicien Schirack et les chasseurs Blondin et Michaud ; le 27e, le 44e et le 51e de ligne, le sous-lieutenant Thirion, les sergents Charpentier et Bellanger, et les braves Robert, Blanc et Cornus. L'Académie n'a rien à ajouter à l'honneur qui leur a été fait : elle le proclame. Honneur aux chefs de pareils soldats ! honneur aux soldats dont l'humanité égale le courage !

C'est un beau et noble spectacle que le concours de tant de dévouements. Si la place où je suis assis peut donner à mes paroles une autorité qu'elles n'ont pas par elles-mêmes, j'oserai féliciter l'armée; elle a bien mérité du pays ; elle a gagné bien mieux qu'une bataille : elle a sauvé des citoyens. Je la féliciterai de cette union sympathique, de ces secours qu'elle leur a prêtés, de cette manière nouvelle de fraterniser dans le Champ de Mars avec eux. Qu'il me soit permis de féliciter aussi la patrie en voyant ses régiments faire un si noble emploi de leur courage inoccupé; qu'il me soit permis d'être fier d'appartenir à un pays où tout se tourne en honneur, jusqu'à des calamités même; où un événement, fût-il malheureux, ne semble venir que pour mieux développer toute la noblesse des âmes et n'être enfin qu'une occasion solennelle, pour le peuple, de connaître tout ce que valent ses défenseurs; pour l'armée, sentir qu'elle est du même sang et de la même famille; pour l'Académie enfin, de témoigner hautement combien les lettres sont amies des armes et ont plaisir à louer tout ce qui concourt à relever leur gloire, tout ce qu'elles font de beau et d'utile, tout ce qu'elles dévouent au bien de la patrie, de courage et de générosité[1].

[1] Un prix de 8.000 francs fut décerné à l'adjudant Martinel.

LA PIÉTÉ FILIALE

Nous avons, plus haut, donné dans Jean Vigier un modèle de piété filiale. Nous l'avons mis à part à cause de la forme extraordinaire que revêtait, en cet enfant de quelques printemps, cette vertu de famille. Mais il n'est pas le seul que les Annales du bien, feuilletées par nous, aient offert à notre vénération.

Le premier exemple est dû à la plume d'Ernest Renan[1].

L'impression que produit Emmeline Nadaud, de Chancelade (Dordogne), sur tous ceux qui la voient est des plus vives. Nous possédons un excellent crayon de cette physionomie modeste, franche, ouverte, chagrine, mais résignée, en une petite biographie, chef-d'œuvre de simplicité et de vertueuse bonne grâce, écrite par M. le curé de Château-l'Évêque. La pauvre fille a été jetée comme une perle au milieu d'un triste monde d'infirmes et d'incapables. Dans son enfance, elle voit l'intempérance du père ruiner la petite industrie qui fait vivre la famille. Le moulin Nadaud, mis en détresse par la concurrence de voisins plus sobres, chôme la plupart du temps. Dès l'âge de douze ans, Emmeline est

[1] Renan, *Discours sur les prix de vertu*, août 1881.

ménagère, ouvrière, institutrice, infirmière. Elle fait marcher le moulin, charge les sacs, soigne les bêtes de somme, fait le ménage à elle seule. Tous admirent qu'elle puisse suffire à tant de soins dans une maison aussi désemparée. Ses vertus et ses charmes extérieurs lui font trouver des mariages très avantageux; elle les refuse tous. Son frère, perclus, qui n'a pas un mouvement, reçoit d'elle une instruction et des sentiments religieux qui le consolent; un vieux grand-père, dans la misère, est adopté; la mère, devenue paralytique, une jeune sœur, victime d'un accident, sont soignées, remplacées; l'intempérance du père est limitée; grâce à Emmeline, tout va pour le moins mal possible dans la plus triste des maisons.

Recueille-t-elle beaucoup de reconnaissance pour tant de bienfaits ? Hélas ! non. « Les larmes les plus amères que cette enfant verse secrètement dans le sein de Dieu, dit M. le curé de Château-l'Évêque, ne viennent pas de ce que nous avons dit, mais de ce que nous ne pouvons dire sans blesser l'amour-propre, la discrétion, le mutisme de notre protégée... Malgré l'espèce de violation du domicile de l'amitié que nous avons dû commettre pour apprendre ce que nous vous écrivons, il restera beaucoup de choses dans l'oubli et dans le secret de la conscience. » Emmeline ne se plaint jamais, et si elle ouvre son cœur ulcéré, c'est seulement à la Sœur de Saint-Vincent de Paul de Château-l'Évêque. Les scènes déplorables, les traitements indignes, les paroles offensantes, les injustices les plus criantes sont les conséquences de l'ivrognerie du père. Ce qu'il y a d'admirable, c'est la patience, la résignation, la douceur avec lesquelles cette jeune personne supporte tout; lors même que son père la rudoie, elle est caressante et dévouée. Souvent on la voit assise sur une chaise, dans la salle du cabaret, attendant que son père veuille la suivre; elle espère ainsi abréger la séance et diminuer les dépenses funestes à la famille. Le public, qui est juste quelquefois, se prononce hautement pour la touchante victime; elle, toujours réservée, ne consent pas à se laisser trop plaindre.

Le dimanche suffit à sa consolation. Ce jour-là, elle se donne les délassements de son choix ; elle préfère à tous les autres la compagnie de la Fille de charité et le soin des malades. Un groupe de jeunes filles, que ses vertus ont spécialement captivées, et qui cherchent l'estime publique en s'approchant d'elle, ne la quitte pas. Dans le village chacun a part à ses attentions ; sans distinction et sans prétention, avec une simplicité admirable, elle soutient l'un, console l'autre, et verse sur ceux qui s'approchent d'elle une partie de cette grande résignation qui la caractérise. Sa tenue, modeste et sans apprêt, frappe tout le monde. Elle n'a pas, comme les autres jeunes filles de la campagne, suivi le changement des modes ; elle a gardé son costume et sa coiffure de villageoise ; elle le porte avec une rare distinction, car voici la silhouette exquise que M. le curé de Château-l'Évêque nous a envoyée d'elle : « Un trait vous fera comprendre l'impression profonde que l'on ressent en voyant Emmeline Nadaud. Un jour (il y a de cela quelques années), Emmeline revenait de porter la farine de ses clients; elle était assise sur sa mule, tricotant, comme elle le fait d'ordinaire dans ses courses, pour ne pas perdre de temps. Elle est rencontrée sur la route par un monsieur qui la remarque. A son arrivée à Château-l'Évêque, ce monsieur, qui est médecin, demande immédiatement des renseignements sur cette jeune fille qui l'a frappé, et, après qu'on lui a dit ce qu'elle est, ce qu'elle fait : « Mais cette jeune fille, dit-il, mérite le prix Montyon ; je la signalerai à l'Académie. » Je ne sais si la signature de cet admirateur d'Emmeline figure parmi les innombrables attestations qui montrent l'estime que l'on professe pour elle à Chancelade et à Château-l'Évêque, mais ce qui est bien honorable pour cette jeune fille, c'est la notice qu'a faite sur elle M. le curé de Château-l'Évêque, notice composée avec un sentiment des plus justes, un tact parfait et une pleine inconscience littéraire. Votre récompense fera mieux que de justifier la prophétie du médecin qui la rencontra tricotant sur sa mule; elle confirmera le suffrage de l'opinion publique, qui, dans le pays, entoure Emmeline d'une véritable auréole de respect.

* * *

Tante Jeanne nous est présentée par M. Édouard Hervé[1].

Au milieu du rude hiver de 1834, un fermier du canton de Montsalvy, dans le Cantal, mourait jeune encore. Il se nommait Carrier. La veuve dut abandonner la ferme. Le défunt lui laissait pour tout héritage une miche de pain et sept enfants, dont l'avant-dernier, une fille, s'appelait Jeanne et avait alors trois ans. Les cinq aînés entrèrent en service, la plupart pour la vie seulement, comme on disait, c'est-à-dire sans gages. La veuve dut travailler aux champs pour la somme de dix sous par jour. Elle gardait à sa charge ses deux plus jeunes enfants.

Dès que Jeanne eut un peu grandi et qu'elle put travailler de ses pauvres petites mains, elle se mit en service à son tour. Il faut croire que, dès cette époque, elle montrait des qualités exceptionnelles; car elle eut tout de suite des gages. Elle gagnait trois francs par an et une robe de toile par-dessus le marché. Peu à peu on l'augmenta, et elle trouva le moyen de faire des économies, qu'elle envoyait à sa mère.

[1] Ed. Hervé, *Discours sur les prix de vertu*, novembre 1895.

Il est vrai qu'elle se privait de tout et qu'elle attendit d'avoir l'âge de quinze ans pour s'acheter ses premiers souliers. Encore les ménageait-elle à ce point que, lorsqu'elle allait à la messe, elle les portait, durant un trajet de deux kilomètres, non pas à ses pieds, mais sous son bras, et ne les chaussait qu'au moment de pénétrer dans l'église.

A trente-trois ans, elle entrait comme servante à l'hospice d'Aurillac. Elle y est encore aujourd'hui. Les gages étaient modiques; mais, à côté des trois francs par an du début, c'était la richesse. Sa première pensée fut de la partager avec sa mère. Surtout elle voulut lui faire connaître un raffinement d'existence qu'elle-même avait ignoré jusque-là. Elle venait d'apprendre, par une expérience personnelle et inédite, ce que c'est que de dormir sur un matelas. Dès qu'elle put acheter de la laine en quantité suffisante, elle l'envoya au logis maternel en indiquant la manière de s'en servir. La mère Carrier fut scandalisée : coucher sur de la laine quand on peut en faire de bons et chauds vêtements, quelle folie, quelle prodigalité! « Ma fille se dérange, disait la bonne vieille, elle devient fière. » Et pour lui donner une leçon d'économie, elle fila toute cette laine et en fabriqua des habits pour ses autres enfants. Jeanne persista. Cette fille de l'Auvergne n'était pas d'une race et d'un caractère à se décourager. Elle acheta une nouvelle provision de laine; mais elle ne s'exposa pas cette fois à ce qu'on en tirât des vestes et des culottes. Elle envoya le matelas tout fait, et on fut bien obligé de l'accepter. Après sa mère, toute sa famille a été l'objet de sa tendre et affectueuse sollicitude, qu'elle a répartie sur trois générations. Le nom de tante Jeanne, par lequel la désignent non seulement ses neveux et nièces, mais tous ceux qui la connaissent, rappelle cette continuité de dévouement. Tante Jeanne est modeste; elle seule ignore tout ce qu'elle vaut; elle s'étonne quand on le lui dit; elle ne parle jamais du bien qu'elle fait. Pour nous le révéler, il a fallu qu'on organisât autour d'elle et à son insu un petit complot.

*
* *

Amanda Meunier habite avec ses parents le quartier des Épinettes, aux Batignolles. Sa mère est toujours malade; son père, ancien serrurier, est employé au balayage par l'édilité parisienne; mais il est infirme et souvent incapable de se livrer à aucun travail. Les époux Meunier ont quatre enfants.

Amanda, l'aînée, avait treize ans, lorsqu'elle fut signalée à l'attention de l'Académie. Elle avait résolument entrepris de faire marcher le ménage à elle toute seule et d'élever ses frères et sœurs. Au commencement, les voisines ne s'expliquaient pas comment une enfant si jeune pouvait suffire à un tel travail. On avait pitié d'elle quand on la voyait porter au lavoir municipal, et ployant sous le fardeau, le linge de la maison. Il s'en fallait de peu que le père et la mère ne fussent accusés de dureté. Bientôt la vérité s'est fait jour. On a su que la courageuse fillette se substituait à ses parents toujours malades. Dans le quartier, on n'appelait plus Amanda que « la petite mère de famille ». C'est elle qui va étrenner, comme on dit aux Batignolles, le prix Lelevain, de la valeur de 1.000 francs.

Il nous a été donné d'apprendre qu'elle avait puisé dans les instructions et les habitudes religieuses de ses parents le secret de la piété filiale dont elle a si bien rempli les devoirs. La fille du pauvre balayeur des rues se trouve être aujourd'hui l'objet d'une rare distinction. A un âge où les autres doivent encore apprendre à bien faire, elle est proposée en modèle à la jeunesse de Paris et de la France entière. Elle voudra toute sa vie demeurer digne d'un si grand honneur. Nos prix ne peuvent pas se réitérer; mais la considération qui s'y rattache la suivra désormais à travers les vicissitudes de sa laborieuse existence; elle lui sera une protection contre ses dangers et un perpétuel encouragement au milieu des épreuves dont elle a déjà fait l'apprentissage. La gloire précoce d'un prix de vertu la laissera simple, modeste, uniquement désireuse de justifier par sa conduite la décision de l'Académie, enfin toujours pénétrée de la plus vive reconnaissance envers le Dieu qui a si visiblement béni sa jeunesse[1].

Sortons de Paris, allons à Thevet-Saint-Julien, bourg du département de l'Indre; nous y trouverons une femme de cinquante-cinq ans, qui en avait vingt-deux lorsque sa mère, devenue percluse de tous ses membres, fut déclarée incurable. Il y a trente-trois ans que Silvaine Lemort soigne cette incurable, et quels soins! On s'étonne autour d'elle qu'elle ait pu résister à tant de fatigues. En pareille matière, les détails ont du prix. Bien qu'il y ait deux lits dans la maison, Silvaine couche à côté de sa mère. Comme l'écrivait M. le curé de Thevet : « Les nuits d'hiver sont particulièrement affreuses pour la garde-malade. Les membres de la paralytique, repliés sous elle par le mal et ne pouvant s'étendre, empêchent le drap et les couvertures de reposer sur le corps de Silvaine, obligée au surplus de se relever sept ou huit fois pour les soins à donner à la malade. Cette admirable fille m'avouait, il y a peu de temps, qu'elle n'avait pu se réchauffer de tout l'hiver. » Et il y a trente-trois ans que cela dure! La paralytique a l'humeur aigre et se plaint sans cesse : Silvaine Lemort ne s'est jamais plainte.

Transportez-vous du département de l'Indre dans le

[1] PERRAUD, *Discours sur les prix de vertu*, novembre 1889.

Calvados et vous trouverez à Cintheaux, commune de l'arrondissement de Falaise, un pauvre cultivateur nommé François Bisson. Sans autre ressource que son gain de journalier, il entretient son vieux père aveugle et infirme, une sœur depuis longtemps abandonnée par son mari, trois nièces épileptiques. Comment s'y prend-il pour nourrir tant de bouches? Il s'impose d'année en année de nouvelles privations et dîne souvent d'un morceau de pain et d'un verre d'eau. Il donne tout ce qu'il a, et son père, qui, tombé en enfance, lui reproche de ne pas donner assez, a levé un jour son bâton sur lui. Dévoré par les siens, martyr de son devoir, il y a longtemps, paraît-il, qu'on n'a vu sourire François Bisson. Vous lui avez accorde sur la fondation Montyon un prix de 1.500 francs. Je serais heureux de savoir qu'il a presque souri en le recevant[1].

Marie Sanet, dite la petite Myette, a reçu de vous une médaille de 500 francs. Pourquoi l'avait-on surnommée la petite Myette? A cause de sa petite taille et de son air chétif et souffreteux. Les apparences étaient trompeuses; dans ce corps qu'on croyait débile logeait une de ces âmes fortes à qui les sévérités de la vie fournissent l'occasion de montrer tout ce qu'elles valent.

La petite Myette était née en 1815, dans le Lot, à Lablenque, canton de Salviac, et elle avait douze ans lorsqu'un désastre obligea ses parents à démembrer un petit domaine dont le produit suffisait à la subsistance de la famille. Les pauvres gens étaient consternés. « Je travaillerai, leur dit cette petite fille, et avec l'aide de Dieu je vous sauverai. » Elle a tenu sa téméraire promesse. Elle était devenue bonne couturière, courait par tous les temps la ville et la campagne, et son aiguille a fait vivre tous les

[1] CHERBULIEZ, *Discours sur les prix de vertu*, novembre 1881.

siens. Après la mort de ses parents, elle a servi de seconde mère aux trois enfants de sa sœur. Elle a aujourd'hui soixante-seize ans; elle est encore alerte et vigoureuse, sa vue est excellente, ses cheveux noirs n'ont pas un fil d'argent. Cependant cette petite femme accorte et proprette a ses chagrins; elle est rongée par l'inquiétude de devenir infirme.

« Mon Dieu, faites-moi mourir l'aiguille à la main! » Telle est sa prière de chaque jour. Dans ces derniers temps, elle a rassemblé sou par sou le prix de son cercueil; elle l'a fait faire et le garde dans son grenier. Elle a payé d'avance aussi ses frais d'enterrement, « afin, dit-elle, de ne rien coûter à ceux qu'elle aime ni pendant sa vie ni après sa mort ». Les 500 francs que vous lui donnez, je crains bien qu'elle ne les donne, il faut l'excuser : à l'âge qu'a la petite Myette, on ne se corrige plus de ses défauts[1]!

*
* *

Voici, pour terminer, un exemple qui n'est pas précisément commun, mais qui rentre bien dans notre série. L'amour filial, né par alliance, si l'on peut ainsi parler, et par une alliance non complètement scellée, tel est l'exemple que nous donne Jeanne Depresle[2].

Jeanne Depresle, âgée de quarante ans, est née au village de Verneuil, dans le département de l'Allier; vers 1864, elle fut recherchée en mariage par Claude Pagnon, fils unique de deux vieillards dont toute la fortune consistait en un petit bien qu'ils faisaient valoir. Claude fut pris par la conscription et partit après avoir échangé avec Jeanne le

[1] Cherbuliez, *Discours sur les prix de vertu*, novembre 1881.
[2] Maxime du Camp, *Discours sur les prix de vertu*, novembre 1885.

serment de se rester fidèles et de s'attendre. En 1868, Claude mourait à Philippeville.

Qu'il s'endorme à jamais sur un lit d'hôpital, qu'il soit tué à l'ennemi, le soldat qui meurt au service a donné sa vie à la France.

Dès que la funèbre nouvelle parvint à Verneuil, Jeanne Depresle courut chez les vieillards qui pleuraient leur fils : « Puisque je devais l'épouser, aujourd'hui je suis sa veuve; c'est pourquoi je suis votre fille, et je ne vous quitterai plus. » Renversant les rôles, elle adopta le père et la mère de son fiancé. Depuis dix-huit ans, malgré bien des sollicitations rien ne l'a détournée de sa tâche filiale. Elle reste pieusement attachée à un souvenir, et elle a réellement remplacé celui qui n'est plus. Maniant le hoyau, conduisant la charrue, elle cultive le lopin de terre où « les vieux » trouvent leur subsistance, et elle les a préservés de la misère. Le père Pagnon est mort il y a dix-huit mois; sa veuve affaiblie, en proie à un lupus vorax qui lui ronge la face, n'a d'autre soutien, d'autre garde-malade que Jeanne Depresle. Parfois la pauvre vieille s'inquiète et pleure : « Que deviendrais-je si tu t'en allais? » Jeanne répond : « Ce n'est pas à craindre, puisque j'étais la promise de Claude! » Au cours de l'année, Jeanne fait, chez les voisins, trente ou quarante journées de lessive et gagne ainsi une quarantaine de francs qui suffisent à son entretien. Les attestations sont unanimes à certifier sa moralité. En décernant un prix de 1.500 francs à Jeanne Depresle, l'Académie récompense tant d'abnégation, et peut-être a-t-elle voulu couronner, — c'est le mot consacré, — a-t-elle voulu couronner le phénix de Métastase, ce poète italien qui disait : « La fidélité des fiancés est comme le phénix : qu'il existe, chacun l'affirme; où est-il, nul ne le sait! »

Nous venons de le voir!

*
* *

Nous nous en voudrions d'omettre le trait suivant; c'est plus que de l'amour, c'est de l'héroïsme filial.

François Mayeux, vieux célibataire de la commune d'Etaing, près d'Arras, allait atteindre l'âge de trente ans, quand il perdit son père[1]. Sa mère n'était plus depuis longtemps, et une étrangère avait pris sa place. Cette marâtre, dont le dur égoïsme s'était contenu pendant la vie du chef de la famille, chassa à l'instant même son beau-fils de la chaumière paternelle. Les prières du malheureux ne purent la fléchir. Il s'éloigna, le cœur brisé, sans que l'ingratitude de cette femme altérât en lui la reconnaissance des soins intéressés qu'en avait reçu sa première jeunesse. Ses adieux furent nobles, comme son caractère : « Si vous avez des peines, dit-il à la marâtre, je ne vous abandonnerai pas, moi; je serai encore votre fils. »

Cette promesse ne sera point vaine, la fortune le mettra à l'épreuve, et Mayeux tiendra parole. Il observe de loin celle qui a porté le nom de son père. Dès qu'une gêne arrive à sa marâtre, il a une économie toujours prête à y faire face. Quinze ans se passent ainsi. La vieillesse atteint cette femme, les infirmités l'accompagnent. Mayeux entre sous le toit de son père pour soigner celle qui l'en a chassé. Sa

[1] VIENNET, *Discours sur les prix de vertu*, août 1853.

sœur lui refuse son aide, il suffira seul à sa tâche. Il a lui-même cinquante-sept ans. Une infirmité gênante lui ôte une partie de ses forces ; mais son courage et son dévouement y suppléent. Il fait plus que d'oublier les injures, il rend le bien pour le mal, et ce sont là des vertus si rares chez les grands comme chez les petits que nous en avons fait des titres de gloire pour le souverain qui a le courage de les pratiquer en imposant silence à ses puissantes rancunes.

L'AMOUR FRATERNEL

La piété filiale devrait avoir comme corollaire immédiat l'amour fraternel, vertu moins spontanée que la première, et, par suite, plus admirable quand on la rencontre, ce qui toutefois n'est pas rare. Elle ne se manifeste point par des actes extraordinaires, éclatants; elle se cache, au contraire, volontiers, ce qui la rend encore moins fréquente aux regards distraits. Son mérite n'en est que plus grand.

*
* *

Deux sœurs, Caroline et Ernestine Godard, ont perdu leurs parents ruinés. Pendant plusieurs années elles combattent courageusement la misère par le travail. Mais Ernestine perd la santé et, par surcroît, la vue. Sa sœur la soigne, la sert, la protège. Elle la conduit chaque jour à l'église, dont les offices sont la seule consolation de la pauvre aveugle. La maladie d'Ernestine est pire encore que son infirmité; c'est la plus redoutable qui se puisse imaginer danssa condition : la boulimie, qui est une fringale insatiable. Caroline secrètement, par une héroïque et délicate supercherie, prend sur sa modeste part de nourriture et s'en prive pour grossir la part de sa sœur. Celle-ci, dans l'ignorance de ce sacrifice, revient sans cesse aux mets qui la tentent sans l'assouvir. Une mère en donnant son lait ne donne que son superflu; Caroline n'est-elle pas plus qu'une mère pour sa sœur? Vous ne serez pas surpris si j'ajoute que, pour ne point abandonner sa compagne, elle a refusé une place d'infirmière, qui lui était offerte dans l'hospice de Sainte-Anne.

Je vous laisserai, après ce long exposé, sous une impression attendrissante et gracieuse en vous racontant brièvement l'histoire des frères Emile et Auguste Taschet, à qui le prix Laussat est attribué. Ce sont de tout jeunes gens, qui n'étaient encore que des enfants quand ils ont commencé à le mériter; l'un avait alors quinze ans, et l'autre douze. Ils se trouvent un jour seuls avec un petit frère de quatre ans devant un lit d'hôpital, où leur mère vient d'expirer. Leur père est on ne sait où; il a déserté depuis longtemps le foyer, emmenant un autre de ses fils, voué au vagabondage. L'Administration offrait de recueillir le dernier né. Emile et Auguste refusent; ils n'acceptent que pour eux la privation de protecteurs naturels. « Vous le feriez vivre, répondent-ils, mais il n'aurait plus de famille. » Et les voilà qui, dans leur pauvre chambrette, par leur intelligente sollicitude, suppléent le père en fuite et la mère qui n'est plus. Ils soignent l'enfant, l'habillent, le font manger, le conduisent à l'asile des Sœurs, vont travailler dans une usine voisine et le ramènent le soir pour le coucher. Ah! la morte peut dormir en paix! Ce n'est pas tout : trois ans après, le frère absent, abandonné du père à son tour, reparaît tout à coup, sans gîte et sans pain. Il a maintenant douze ans, et il ne rapporte du dehors que l'ignorance et la faim. Émile et Auguste le prennent encore à leur charge.

L'Académie a cru devoir traiter en hommes ces adolescents,

que peu d'hommes égalent en généreuse énergie. Mais je dois avouer qu'elle a été devancée par le directeur excellent de l'usine où ils gagnent leur vie et celle de leurs frères, car il leur alloue des salaires exceptionnels comme leur conduite[1].

*
* *

Catherine Alexandre habite dans le petit village de Boubers-sur-Canche, près Frévent, département du Pas-de-Calais[2].

Vous avez entendu parler d'un homme, né sauvage au centre de notre société civilisée, privé de toutes les qualités qui constituent notre espèce, et même de l'instinct que les animaux ont de leur propre conservation. Cet être, qui n'a rien de l'homme que la forme, et à qui sa figure osseuse, son front qui fuit en arrière et la structure de sa mâchoire donnent quelque ressemblance avec les animaux carnassiers dont il a tous les instincts, vit, comme eux, dans un état complet de nudité. Il habite presque toujours dans les bois, et puis on le voit paraître à l'improviste, hirsute, au milieu des maisons du village. L'autorité paternelle, l'autorité civile, la douceur, la violence, rien n'a pu le contraindre à porter des vêtements comme les autres humains vivant en société. La moindre contrainte le fait entrer dans des accès d'indomptable fureur. Si l'on parvient à le vêtir par surprise, dans un de ses moments de stupeur auxquels il est sujet, la découverte qu'il en fait tout à coup le met dans une rage inexprimable; il déchire ses habits, de ses mains, de ses dents, et s'enfuit en hurlant dans les bois.

Catherine Alexandre est sa sœur; Catherine, née comme lui de journaliers qui eurent neuf enfants, tous élevés dans

[1] Sully-Prudhomme, *Discours sur les prix de vertu*, novembre 1888.
[2] Lebrun, *Discours sur les prix de vertu*, août 1837.

le travail et la piété. Elle vivait avec ses parents pauvres et infirmes et soignait fidèlement leur vieillesse. Depuis leur mort, elle s'est dévouée à ce malheureux qu'elle appelle et qui ne la connaît pas. Elle travaille pour le nourrir ; et quand son travail ne suffit pas, elle mendie pour lui, et pour deux enfants de sa sœur, qui n'ont plus de père ; car sa sœur, pauvre veuve misérable, est venue un jour frapper à sa porte et lui demander un abri pour ses deux enfants. Catherine en a pris soin.

Et dans cette chaumière, où l'on peut à peine se tenir debout, auprès de cet être horrible que Catherine y attire par les séductions mêmes avec lesquelles on attire les animaux ; au milieu d'une si grande misère, Catherine sait répandre encore de la sérénité. Un bien triste et bien touchant aspect se présente à celui que la charité, et la curiosité peut-être, y conduit. En entrant, on entend dans un coin une sorte de râlement mêlé de quelques cris aigus ; c'est la voix du malheureux, c'est sa langue, il n'en sait pas d'autre. On le fait sortir de son étable ; on le fait lever, comme un animal immonde, de la paille dégoûtante où il est couché ou accroupi. Si l'étranger l'approche de trop près, il se roule dans la poussière, il se mord les bras et les mains. Alors sa sœur l'appelle, le nomme, le caresse, comme on ferait au dogue terrible qu'on veut apprivoiser ; et elle suit, avec un air de tendresse et de complaisance maternelle, tous les mouvements de l'infortuné.

Si on lui demande alors pourquoi elle n'a pas cherché à le placer dans un hospice, elle répond : « Nous l'aurions pu, mais ma mère ne voulut jamais le laisser sortir de la maison. Il n'aurait trouvé nulle part les soins d'une mère. — Mais depuis que votre mère est morte, pourquoi n'avez-vous pas cherché à vous en débarrasser ? — Ah ! je m'en garderai toute ma vie ; car ma pauvre vieille mère, avant de mourir, m'a fait promettre de ne jamais abandonner son pauvre Nicolas[1]. »

*
* *

Hortense Fagot est née dans le sein d'une de ces familles infortunées où la pauvreté, la maladie et l'inconduite semblent s'unir[2] : sa mère, depuis longtemps atteinte d'une de ces cruelles affections de poitrine qui font apercevoir la mort de si loin, n'en travaillait pas avec moins de courage; mais son mari venait d'ordinaire lui enlever, le soir, le peu d'argent qu'elle avait gagné dans la journée, pour l'aller dépenser en orgie, et il ne rentrait au logis que pour la battre. Cinq enfants en bas âge achevaient ce complet tableau des misères humaines. Lorsque la pauvre mère se sentit enfin mourir, elle fit venir sa fille aînée auprès de son lit : c'était Hortense; elle avait seize ans. Elle lui donna ses derniers conseils; c'était, hélas! son seul héritage.

Elle lui recommanda longuement ses frères et ses sœurs, lui dit qu'elle était désormais leur seul appui (le père avait entièrement abandonné sa famille depuis peu) et lui fit jurer de leur servir de mère. Vous allez juger si cette jeune fille a bien tenu son serment.

La mère d'Hortense avait laissé quelques dettes; l'aîné des quatre enfants confiés à sa garde n'avait pas quatorze ans. Hortense, dans cette extrémité, ne s'adressa point à la charité publique; elle ne demanda de ressources qu'à l'ordre et au travail. Voici comment elle s'y prit:

Hortense place d'abord sa sœur cadette, enfant de quatorze ans, en apprentissage, et ne la rappelle au logis que quand elle sait assez bien travailler pour aider à la vie commune.

[1] L'Académie a donné à Catherine Alexandre un prix de 2.000 francs.
[2] De Tocqueville, *Discours sur les prix de vertu*, juillet 1847.

Elle l'institue alors la ménagère. Elle obtient, pour les deux enfants qui suivent celle-ci, l'entrée de la manufacture où elle travaille elle-même. Quant au quatrième, elle se charge d'en faire un excellent ouvrier en lui apprenant le tissage à la mécanique, dans lequel elle excelle, et bientôt il peut se placer avantageusement dans un atelier d'une ville voisine. Grâce à l'admirable économie qu'Hortense introduit dans la maison, non seulement on ne fait point de dettes, mais on épargne quelque argent. Cet argent-là est d'abord consacré à acquitter les dettes qu'avait laissées la mère de famille. Les dettes n'étaient pas grandes, mais le fonds destiné à les amortir était fort petit; on mit quatre ans à se débarrasser de cette lourde charge. La dette éteinte enfin, Hortense n'employa point le léger superflu qui en résultait à accroître l'aisance commune ; elle le plaça à la caisse d'épargne. Elle prit un livret pour elle-même. Elle voulut que chacun de ses frères et sœurs en prît un. Sur ces livrets, on ne devait pas voir figurer, sans doute, des sommes considérables ; mais les enfants s'habituaient ainsi à l'épargne.

N'y a-t-il pas quelque chose de singulièrement touchant et réjouissant pour le cœur, dans le spectacle offert par la prospérité de ce petit ménage, composé entièrement d'enfants, et si sagement conduit par une jeune fille à peine hors de l'enfance?

Tous les faits que nous venons de raconter sont confirmés par les habitants les plus recommandables de Bolbec. Des dames de charité, des ecclésiastiques, des négociants, en ont témoigné à l'envi. Ces personnes respectables ont joint à leur attestation la copie du compte des recettes et des dépenses tenu par Hortense. C'est le budget complet de cette république enfantine. On y voit que, pendant les dix derniers mois, le travail de la communauté a produit mille deux cent soixante-dix-neuf francs; sur cette somme, on en a dépensé mille pour pourvoir aux besoins de toute espèce, cent quarante-quatre ont été placés à la caisse d'épargne, et cent trente-cinq ont été gardés par la ménagère pour parer aux nécessités imprévues. L'Académie vient ajouter mille francs à ce petit trésor.

*
* *

Et pensez-vous que tous ces enfants se regardent comme des êtres extraordinaires? En aucune façon. C'est ce que constate avec justesse M. Gaston Boissier:

Le maire d'un petit village de l'Anjou, dit-il, en nous racontant la vie d'un brave homme, excellent fils et serviteur fidèle, pour lequel il demandait une récompense que nous avons accordée, nous disait : « Je reconnais que celui que je vous recommande n'a pas accompli un de ces actes d'héroïsme qui soulèvent l'admiration publique. Il a seulement fait son devoir. » Faire son devoir, c'est toujours un mérite; il y en a tant qui ne le font pas! Mais le faire tout entier et dans toutes les occasions sans jamais se relâcher ni faiblir, le faire pour la seule satisfaction de sa conscience, quand le monde ne le saura pas, quand la personne même pour laquelle on se sacrifie ne doit pas vous en savoir gré, c'est ce qu'on ne voit guère, ce qui est tout à fait digne d'une récompense.

Voici un pauvre ouvrier du Creusot, François Duban; depuis quarante ans, il est descendu dans la mine, et il y séjourne tous les jours le plus qu'il peut; il accepte, il réclame les plus durs travaux, les plus rudes fatigues. Est-ce pour lui? non : il est garçon et se contente de peu; mais il a trois frères, sourds-muets de naissance, contrefaits, idiots. C'est pour eux, pour leur donner quelques plaisirs et quelques douceurs, qu'il travaille sans relâche; et, quand il rentre chez lui, rapportant à ces malheureux le salaire de la journée, il n'a pas même la consolation de surprendre dans leurs yeux éteints un éclair de reconnaissance.

D'autres sont plus à plaindre encore. Parmi les personnes que nous couronnons, il y a des femmes, des filles qui usent leur vie à travailler pour des ingrats, et n'en reçoivent pour tous remerciements que des querelles, des reproches, quelquefois des coups, sans que jamais leur patience se lasse et qu'elles cessent un seul jour de se sacrifier. Ajoutez que, la plupart du temps, elles sont très pauvres elles-mêmes, et qu'elles ne peuvent venir au secours des autres sans s'imposer de pénibles privations.

LES SAUVETEURS DE LA MER

Ceux-là, ils sont légion.

S'il vous arrive de parcourir nos côtes, sur la Manche et sur l'Océan, dans la vaste étendue qui sépare Dunkerque de Bayonne, vous trouvez, soit à l'embouchure des fleuves, soit aux points où la mer a brisé les falaises, est entrée dans les terres et s'est ainsi rendue accessible à l'homme, un certain nombre de petits ports dont la population presque entière est composée de marins. Il faut avoir vécu parmi eux pour se faire une idée des exemples d'abnégation, de courage, de dévouement fraternel que l'on peut y rencontrer. A peine ces belles et nombreuses familles conservent-elles quelques relations avec le monde qui les environne; leurs pensées sont tournées d'un autre côté. Une voile qui paraît, un nuage qui se forme à l'horizon, le vent qui se lève, la lame qui gronde : voilà ce qui les occupe; là sont leurs craintes ou leurs espérances. Ce sont des maris, des enfants, des amis, dont on attend avec anxiété le retour. Leur âme naïve s'incline pieusement devant la puissance irrésistible qui doit combler ou tromper leurs vœux. Nulle part vous ne trouverez au même degré l'admirable union d'une intrépidité énergique contre le danger et d'une soumission absolue à la volonté supérieure qui rend, quand il lui plaît, toute cette intrépidité inutile.

*
* *

De cette race est Pierre Lavie.

A six ans, il était mousse; à quatorze ans, matelot. A vingt ans, il était embarqué sur un navire de guerre; et, sept ans après, il quittait la flotte avec les galons de quartier-maître.

Bientôt après, il armait un bateau de pêche; et, pendant quarante ans, il a navigué sans repos.

Voilà sa carrière officielle. Mais il a un autre métier, une passion à laquelle il a consacré sa vie. Il est né sauveteur, comme on naît poète, par don de nature et comme par instinct.

La mer est sa compagne et son ennemie. Il vit avec elle; mais il la surveille sans relâche, et chaque fois qu'elle saisit une proie il accourt pour la lui ravir.

Un pâtre des Alpes ne connaît pas mieux sa montagne qu'il ne connaît les côtes de la Manche et les courants de la mer du Nord. Il en a tourné cent fois les récifs et les écueils. Il a sondé tous les fonds de pêche hantés par nos bateaux; et partout, au hasard de sa vie, il a porté son industrie périlleuse.

C'est à Dunkerque que, presque enfant, il a fait cet

apprentissage. A dix-sept ans, il se jetait à la mer pour sauver un homme tombé dans le port. Aujourd'hui il en est à quatre-vingts !... A Dunkerque, à Calais, à la côte, au large, par tous les temps et par tous les vents, tantôt des épaves isolées, tantôt des équipages entiers, de sa main, il a arraché quatre-vingts créatures humaines à la mort.

Et que de drames inconnus dans la grande vie obscure de ces travailleurs de la mer, *qui vivent mouillés*, a dit un grand poète, et dont toute l'histoire tient entre la vague qui vient et la vague qui s'en va !

Le 20 janvier 1858, par un gros temps, à cinq lieues au large des côtes de Hollande, Lavie rencontre un trois-mâts russe en détresse. Il gouverne sur le navire et saute à bord. Il trouve un homme couché en travers du pont. C'est le capitaine. Il est ivre-mort... Et lui seul connaissait la route! Autour de lui, quelques matelots désespérés, perdus dans ces parages inconnus, et allant droit sur des écueils redoutables! Lavie saisit la barre, et, suivi de son bateau de pêche, cet amiral d'aventure rentre au port d'Ostende avec sa flotte désemparée et sa glorieuse capture.

C'est à Ostende encore que, deux ans après, il remorquait un sloop hollandais qu'il avait trouvé coulant bas en pleine mer, et que, malgré les vagues furieuses, il avait abordé, au risque de mettre en pièces son bateau.

Mais je vous lasserais à vous raconter tant d'exploits. *La Catinka, l'Amiral Moorsen, le Swantje-Board, la Rébecca, la Marie, la Sainte-Marie, le Jeune-Auguste, le Cydonia, la Helvetia, le Neptune;* cette année encore, *l'Irène* et *les Deux-Maries :* voilà les noms des victoires navales que ce héros inconnu a remportées; voilà les prises de cet héroïque corsaire.

Aujourd'hui Pierre Lavie a cinquante-cinq ans. Il est malade, et il est pauvre.

Si, dans un jour de fête, à Dunkerque ou à Calais, vous rencontrez jamais un vieux marin devant lequel les fronts se découvrent avec une familiarité respectueuse, portant sur sa poitrine dix médailles et la croix d'honneur, vous aussi, Messieurs, saluez! C'est le patron Lavie, dont le nom de bon augure est légendaire dans ces contrées.

En lui décernant un prix de 3.000 francs, l'Académie française est heureuse de s'associer aux témoignages d'estime et de reconnaissance qu'il a reçus de toutes parts.

*
* *

Fils d'un pilote, destiné dès l'enfance à succéder à son père, Delannoy prit la mer à dix ans, et l'on peut dire qu'il ne l'a plus guère quittée. Embarqué d'abord sur un bateau pêcheur, puis sur un navire de l'Etat, il se fit une si belle réputation d'audace et d'intrépidité qu'on n'hésitait pas à lui confier les tâches les plus difficiles. Vous allez en juger : l'Administration voulut un jour faire connaître aux populations du littoral un nouveau canot de sauvetage qu'on jugeait meilleur que les autres. Pour leur en montrer les qualités d'une manière frappante, elle eut l'idée de leur donner le spectacle d'un naufrage. Depuis Calais jusqu'à Lorient, le canot s'arrêta successivement dans chaque port ; là, devant la foule assemblée, on le faisait chavirer, tourner sur lui-même, puis reprendre sa position normale; mais, afin de frapper davantage les spectateurs, on imagina de laisser un matelot accroché à l'un des bancs du bateau, en sorte qu'il devait à chaque fois être englouti par la mer et reparaître un moment après. Delannoy fut chargé de cette mission de confiance, et s'en tira tout à fait à son honneur; c'est ainsi qu'il fit connaissance intime avec ce canot de sauvetage, dont il a su, dans la suite, si bien se servir.

A vingt-cinq ans, il avait déjà reçu plusieurs distinctions honorables pour des actions d'éclat ; mais voici ce qui le mit tout à fait en lumière :

Le 17 janvier 1867, un vaisseau qui allait de Vannes à Anvers fut jeté sur la côte et presque submergé par les flots. L'équipage eut à peine le temps de s'accrocher aux mâts et de faire des signaux de détresse. Par malheur, la mer était affreuse, et il ne paraissait pas possible d'aller au secours des naufragés avant qu'elle eût cessé de monter. On attendait donc dans une anxiété fiévreuse, les yeux fixés

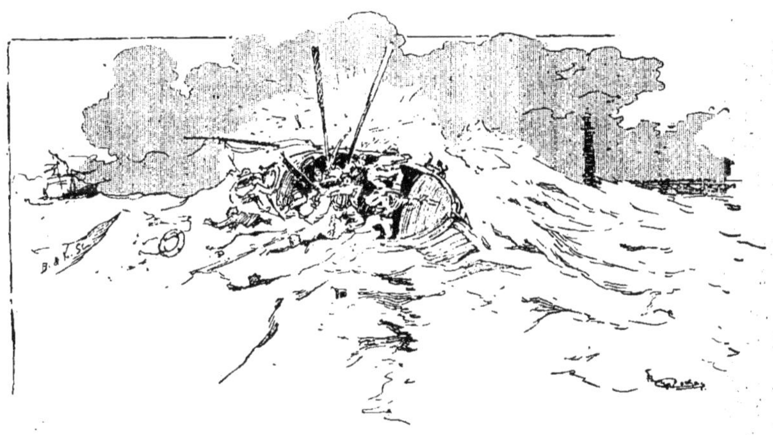

sur ce navire qui pouvait périr d'un moment à l'autre. Le hasard voulut qu'il se trouvât dans le port un paquebot anglais, dont les matelots n'eurent pas la patience de supporter cette pénible attente. Douze d'entre eux, sans calculer le danger, s'emparent du canot de sauvetage et sortent du port. Leur entreprise ne fut pas heureuse ; à peine sont-ils hors des jetées que le canot chavire, sept se noient, et l'on a grand'peine à sauver les cinq autres. Leur catastrophe va-t-elle décourager les marins français ? Au contraire : le patriotisme se joint à l'humanité pour les exciter à tenter l'aventure ; les Anglais ont donné l'exemple;

dans cette lutte d'audace et d'héroïsme, il serait honteux d'être vaincus. Delannoy se présente avec six de ses camarades. Toutes les chances leur sont contraires; le canot de sauvetage est hors de service, il faut se contenter d'une barque ordinaire; on la cale du mieux qu'on peut, et l'on part aux acclamations d'une foule immense réunie sur la plage. La lutte contre le vent et la mer fut terrible. Enfin la barque approche du navire naufragé; mais, hélas! au moment où elle y touche, une vague emporte le mât de misaine avec la grappe humaine qui s'y tenait accrochée. Il ne reste plus, de tout l'équipage, que deux matelots qui se tiennent encore au grand mât; après avoir risqué vingt fois sa vie, Delannoy les recueille et rentre avec ses compagnons exténués de fatigue et de froid.

Les exploits de ce genre, il les a renouvelés vingt et une fois de suite; il a sauvé des équipages français, danois, anglais, norvégiens, allemands; il a reçu toutes les attestations, tous les diplômes, toutes les récompenses possibles; il est couvert de toutes sortes de médailles de bronze, d'argent et d'or; enfin, en 1875, il a été décoré de la Légion d'honneur, sur la proposition du Ministre de la Marine. Tout le monde doit être fier de porter la croix d'honneur; mais ne trouvez-vous pas, Messieurs, qu'elle paraît avoir un éclat particulier sur la poitrine d'un matelot?

La principale qualité de Delannoy, tout le monde l'atteste, c'est le calme, la résolution, le sang-froid; dans les moments les plus périlleux, il est maître de lui et trouve moyen de se tirer d'affaire où d'autres seraient restés. On nous raconte pourtant qu'une fois il a perdu la tête. Il allait s'embarquer lorsqu'il s'aperçoit qu'à quelque distance un enfant vient de tomber à la mer; il s'y jette à sa poursuite et le ramène sur l'eau évanoui, inanimé; il le regarde alors, c'était son fils, un enfant de huit ans, qui était venu sur le rivage pour

Deux hommes et une femme, les bras passés autour de leur mat,
attendaient la mort. (Page 117.)

embrasser son père, au retour de l'école. A cette vue, ses yeux se troublent, les forces l'abandonnent, le cœur lui manque, et, sans le secours de quelques amis, il se noyait avec son précieux fardeau. C'est ainsi que ce sauveteur a eu besoin d'être sauvé.

Voyez comme il aime les siens. Cet homme de mer, ce rude matelot, est un père de famille modèle. Il passe ses rares moments de loisir à son foyer, entre sa mère, sa femme et ses dix enfants. Sobre, simple, timide même, quand il n'est pas en face du danger, il n'aime pas qu'on le loue.

Il ne raconte jamais lui-même ses belles actions, ce qui est presque aussi héroïque que de les faire. Ses camarades le respectent, et tous ses compatriotes se croiront couronnés en sa personne.

* * *

Le Mat est, depuis 1875, patron de la station de sauvetage de Roscoff; mais, dès 1864, il n'a cessé de montrer le dévouement le plus courageux et de contribuer à de nombreux sauvetages. Un jour, matelot à bord d'une chaloupe de pêche, il sauve Alphonse Iknée, embarqué avec trois autres sur *la Florence*, et celui qu'il a sauvé est le seul survivant de l'équipage. Quinze jours plus tard, se trouvant à terre et passant près du port de Roscoff, il entend crier : « Au secours! Un enfant est tombé dans le bassin. » Le Mat se jette à l'eau tout habillé, nage, plonge et ramène qui?... la petite fille de celui qu'il avait sauvé du naufrage de *la Florence*. Nous avons, dans notre dossier, quatorze récits plus émouvants les uns que les autres des sauvetages du patron Le Mat. Ce brave marin a marié dernièrement deux de ses enfants et, à la fin du repas de noces, au moment où on allait entonner les chansons bretonnes, il se lève, et pour chanson il dit à ceux qui l'entouraient : « Mes enfants, nous sommes tous ici dans la joie, n'oublions pas les naufragés; je vais faire une quête pour la Société centrale des naufragés. » Et les gros sous de pleuvoir dans son chapeau.

Nous n'oublions pas non plus les naufragés, car nous avons pensé à celui qui pense toujours à eux, et nous avons conscience d'avoir bien placé, en le décernant à Le Mat, le prix fondé par une personne anonyme pour récompenser les actes de dévouement et de courage.

*
* *

Nous avons récompensé un autre sauveteur qui risque sa vie à Dunkerque, comme Le Mat à Roscoff, pour secourir les naufragés et ceux qui tombent dans les sas des écluses de Dunkerque, où les courants sont rapides et dangereux. Il s'appelle Denquin. C'est un homme âgé d'environ soixante ans, et le mémoire qu'on nous a remis sur sa vie renferme l'histoire du sauvetage de plus de trente personnes.

Un jour, c'est en 1854, il sauve le jeune Henri Jausoone, âge de onze ans, tombé dans le port : c'est le premier sauvetage dont on se soit souvenu pour nous en faire le récit. Mais, dans la vie héroïque des hommes comme dans celle des peuples, il y a un temps qui précède l'âge historique. Aussi, avant le premier de ses sauvetages que j'appellerai historiques, Denquin en a-t-il accompli sans doute beaucoup d'autres que nous ne connaîtrons jamais. En 1853, c'est un enfant de onze ans qui patine avec ses petits camarades sur l'eau gelée des fossés des remparts, qui passe à travers la glace et que Denquin va chercher dessous. Une autre fois, c'est Ernest Dervitte, âgé de dix ans, qu'il sauve; puis le jeune Barteloot, de dix ans également; et le petit Dallet, et la jeune Royer, de sept ans.

Mais son dévouement aux pauvres enfants qui se noient devait recevoir un bien plus grand prix que celui que nous pouvons lui offrir aujourd'hui. Je trouve, en effet, dans le dossier, cette note que je reproduis textuellement: « Grincourt (Joseph), batelier, demeurant à Saint-Nicolas, commune de Bourbourg, certifie que, le 25 mai 1878, vers six heures du soir, le nommé Henri Denquin, âgé de onze ans, est tombé accidentellement dans le sas de l'écluse au moment où l'éclusier Denquin était occupé à lever les vannes pour passer un bateau. Attiré par les cris de l'enfant, il se jette résolument à l'eau, par un mouvement d'humanité, et reconnaît, après l'avoir retiré, que c'est son fils. »

En croyant sauver l'enfant d'un autre, c'est son fils qu'il avait arraché à la mort.

Il ne faut pas croire que Danquin ne se soit dévoué que pour les enfants, et, sur la liste que j'ai entre les mains, je lis des noms d'hommes et de femmes de tout âge.

Il a même un jour coupé la corde avec laquelle une femme s'était pendue. Vous connaissez les préjugés des gens de la campagne, qui n'osent pas toucher à un pendu avant l'arrivée du commissaire. Denquin passait devant la maison du nommé Failly; il y avait là un rassemblement de gens qui disaient que la femme Failly s'était pendue et qui n'osaient pénétrer dans la maison avant la police. Denquin n'hésite pas; il entre, mais il s'excuse, car il ne peut s'empêcher de se demander s'il est ou non dans son droit. « Comme je suis, dit-il, doué d'une certaine effervescence qu'il ne m'est pas toujours possible de maîtriser moi-même, j'ai saisi le sabre d'un chasseur à pied qui était présent sur les lieux, et j'ai pu soulever le châssis de la fenêtre et m'introduire dans la maison. Je me suis empressé de couper la corde qui l'avait étouffée, car il était déjà trop tard. A l'arrivée du commissaire, j'ai fait ma déclaration comme ayant ouvert la fenêtre et m'étant introduit dans la maison sans attendre la police pour esssayer de sauver cette malheureuse. Le commissaire m'a félicité et m'a dit que j'avais très bien fait... »

*
* *

Étienne Maigre a commencé de bonne heure. En février 1834, n'ayant encore que dix-sept ans, il se jette dans le Rhône couvert de glaçons pour sauver un enfant de cinq ans. En 1839, à Arles, il sauve un homme qui voulait se noyer, et qui, luttant en désespéré contre lui, faillit lui donner la mort. Le 6 décembre de la même année, un matelot occupé à une manœuvre se laisse tomber dans le fleuve. Maigre ne se donne pas le temps de quitter ses vêtements, il s'élance, l'atteint malgré la rapidité du courant, parvient à le saisir, et de la seule main qui reste libre nage vigoureusement pour gagner le rivage. Lutter contre le Rhône, par un gros temps, dans les conditions où il se trouvait, paraissait impossible ; et la foule, accourue sur les quais, voyait déjà ses forces s'épuiser dans une lutte suprême. Un matelot parvint, en courant les plus grands périls, à lui jeter un bout de corde. Maigre obtint, pour cet acte de courage, sa première médaille d'honneur.

Pendant les inondations du Midi, on le vit partout affrontant les vagues furieuses dans une coquille de noix, en se jetant à la nage pour recueillir des femmes, des enfants réfugiés sous les toits des maisons. Son exemple animait, entraînait les autres sauveteurs. Un très grand nombre de ses compatriotes lui durent la vie. Le Gouvernement lui décerna une médaille d'or de première classe. L'année suivante, en 1842, Maigre servait, en qualité de second maître de timonerie, à bord du brick de guerre *le Cygne*. Un matelot tombe à la mer. Maigre saute à l'instant par-dessus le bord et parvient à le saisir ; mais il fallait du temps pour mettre en panne et pour faire arriver jusqu'à lui une embarcation. Pendant plus de vingt minutes, il soutint son camarade au-dessus de l'eau. Cet exploit mit le comble à sa popularité. On commença à dire dans la Marine : « A un kilomètre de Maigre, il n'est pas permis de se noyer. » Il sauva encore, en 1847, un jeune homme de quinze ans tombé dans le Rhône par un gros temps. Une pétition signée par le président du Tribunal de commerce d'Arles, par le lieutenant du port, des négociants, des capitaines de navire, demanda pour lui la croix de la Légion d'honneur. Elle lui fut donnée en 1852.

En 1859, il commandait le paquebot *la Durance*, de la Compagnie Fraissinet, et se rendait de Marseille à Naples, lorsqu'il fut assailli, le 30 mars, par une violente tempête dans le golfe de Saint-Tropez. A six heures du soir, un matelot, en serrant la voile de misaine, perdit l'équilibre et fut précipité dans la mer. Sa chute fut heureusement aperçue, malgré l'heure avancée. Le capitaine prit aussitôt toutes les mesures de sauvetage. Il dirigea le paquebot vers le point où l'homme avait disparu, jeta à la mer les épaves et toutes les bouées qui pouvaient être de quelque secours, et fit mettre à l'eau les embarcations ; mais elles ne purent tenir la mer, tant les vagues étaient puissantes, et furent rejetées sur les flancs du navire, où elles se brisèrent. Peu s'en fallut que les hommes qui les montaient ne fussent submergés. On apercevait par intervalles le naufragé, dont les efforts s'épuisaient visiblement. Le capitaine Maigre, voyant toutes les ressources ordinaires inutiles, s'élança pour le sauver ou mourir avec lui. Un cri sortit de toutes les poitrines et se mêla aux mugissements de la tempête. L'héroïque sauveteur réussit contre toute espérance... « Quand il parut sur le pont, disait un de ses hommes, nous crûmes voir deux ressuscités. » Ce n'était pas sa dernière victoire contre la mort. L'année suivante, pendant la guerre entre l'Espagne et le Maroc, il sauva la vie à plusieurs matelots et soldats de l'armée espagnole; il reçut pour ce service la croix d'Isabelle la Catholique. En 1865, lors du naufrage de *la Provence*, qui s'était brisée sous le fort Saint-Jean, il fut le premier à porter secours aux naufragés. C'est son droit, noblement conquis, d'arriver le premier partout où on a besoin d'un dévouement ou d'un courage. L'Académie décerne à M. Maigre sa plus haute récompense, une médaille de 2.000 francs.

*
* *

Maître Hyacinthe Forcel est attaché au petit port de Blainville, non loin de Coutances, où, depuis 1841, il a accompli maintes prouesses et sauvé maintes victimes. C'est un pauvre enfant que Forcel retire des flots ; l'enfant a perdu connaissance ; Forcel le frictionne, le roule sur le sable, le couvre de son corps, le réchauffe et lui rend la vie. En 1852, un patron de barque et ses deux matelots sont jetés sur les brisants au nord de Blainville; pour les sauver, il faut s'exposer au même péril sans grande chance de réussir ;

Forcel n'hésite pas cependant, et il a le bonheur de les ramener au rivage. En 1857, sept hommes, venus de loin pour récolter des varechs sur les roches de Chaussy, en ont fait un immense radeau qu'ils dirigent vers la côte; une bourrasque survient, le frêle radeau est poussé à trois milles au large; la mort de ceux qui le montent est certaine; Forcel le voit, s'élance sur sa bonne barque avec deux de ses camarades, et sauve les sept malheureux qui ne comptaient plus sur aucun secours humain.

Ce courageux marin, vous n'en serez pas étonnés, est en même temps le meilleur des hommes. Il s'est marié un peu tard avec une femme qui avait un garçon d'un premier mariage. Maître Hyacinthe est devenu pour cet enfant le père le plus tendre et n'a cru pouvoir faire mieux que de le préparer au rude et noble état dans lequel il a lui-même passé sa vie; mais à quelles épreuves il le soumet! En 1863, son fils ayant treize ans, ils revenaient du phare de Sénequet; la brume était si épaisse qu'on se voyait à peine de l'avant à l'arrière du bateau. Forcel se dirige, un peu au hasard, vers l'entrée de la baie, et a le bonheur de franchir la passe; tout à coup, au milieu du bruit des vagues qui déferlaient sur les brisants, on entend des cris de désespoir; une barque, on le devine, vient de se perdre. Malgré les efforts tentés pour le retenir, Forcel repart avec son fils. Il se dirige, à force de rames et de voiles, à travers les rochers, vers les voix qu'il entend. Il approche de la barque qui a sombré. Deux hommes et une femme, battus par des vagues furieuses, les bras passés autour de leur mât, y attendaient la mort. Il les appelle; mais aucun d'eux n'ose lâcher le mât auquel il s'est attaché, pour aller jusqu'à lui, de peur d'être, dans le passage, emporté par une lame ou broyé entre les deux barques. Le vieux marin s'irrite de cet obstacle nouveau. Il saute à bord du bateau qui va s'engloutir ; il prend et rapporte dans le sien un des malheureux ; il fait trois fois, avec le même succès, ce court et périlleux trajet, et rentre à Blainville, épuisé, mais heureux de sa victoire.

Cette fois, un cri d'admiration parti des côtes de la Manche le trahit encore, et le Gouvernement y répondit en envoyant à Forcel une médaille de première classe.

Quel homme il eût fait de cet enfant ! Combien eût été forte une âme exercée par de telles épreuves ! Mais les espérances que Forcel fondait sur lui devaient être cruellement déçues. Le 6 août de l'année dernière, pendant que son fils se baignait dans le havre de Blainville, Forcel entend tout à coup des cris de détresse. Il regarde et ne le voit plus. Il jette son habit et plonge trois fois ; il ne trouve pas son enfant. Pensant qu'une vague l'a emporté, il s'éloigne du bord avec sa barque ; puis il replonge et le trouve ; mais la mer cette fois a pris sa revanche ; le vieux marin ne ramène plus qu'un cadavre.

L'HONNEUR DU NOM

L'union et le soutien mutuel des familles, l'assistance des pauvres, le soulagement des malades, le dévouement au salut de ceux qui vont périr, tout cela n'est-il pas le besoin quotidien de la société ? car il y aura toujours parmi nous des pauvres, des affligés, des malades, des périclitants. Mais, à côté de ces malheurs, qui sont comme le fond commun de la vie humaine, il a y des catastrophes extraordinaires, qui ne sont pas épargnées même aux plus simples et aux plus petits. Que sera l'âme humaine devant ces malheurs singuliers et presque romanesques ? Quelle force aura-t-elle égale à l'épreuve ?

Et si, dans ces aventures qui, encore un coup, sont de toutes les conditions, les âmes se fortifient et se grandissent ; si la hauteur des sentiments atteint tout à coup la hauteur même de la catastrophe, et cela souvent dans les personnages les plus humbles et les plus obscurs ; si le malheur enfin, ce terrible visiteur de toutes les demeures humaines, rencontre jusque dans les plus modestes chaumières des cœurs dignes de la lutte qu'il leur prépare, n'admirerons-nous pas ces éclats inattendus de la dignité et de la force de l'âme humaine ? Ne serons-nous pas heureux de voir et de montrer que les plus grands sentiments et même les plus délicats, ceux, par exemple, de l'honneur, ceux de la fierté de soi-même et des siens, sont à l'usage de toutes les âmes ; et si, même après la première surprise et la première admiration, quelques doutes viennent nous forcer d'étudier de plus près une grande et belle action, jusqu'à ce que la vérité, recherchée avec un soin scrupuleux, nous apparaisse plus grande et plus belle encore que la légende qui nous était d'abord arrivée ; si là, enfin, comme toujours, l'histoire vaut mieux que le roman, ne ressentirons-nous pas je ne sais quelle joie vaillante et généreuse, en venant vous raconter une de ces actions qui témoignent de l'impérissable grandeur de l'âme humaine.

*
* *

Toutes ces conditions se rencontrent, si je ne me trompe, dans l'histoire de la paysanne Durand, du village de Joucas, au département de Vaucluse[1].

En 1821, un affreux assassinat fut commis à Joucas sur la personne de la veuve Boyer. Un paysan de ce village, nommé Durand, fut accusé d'avoir commis le crime. Beaucoup de témoignages se réunirent contre lui ; cependant il fut acquitté à une voix de majorité. Durand, pendant les débats, avait toujours protesté de son innocence.

Quand le verdict du jury fut prononcé, la femme Durand, qui était convaincue que son mari n'était pas coupable, s'avança, dit le mémoire qui nous a été adressé par le maire de Joucas, devant le siège des magistrats, et, la main levée, prenant le Christ à témoin, elle s'écria : « Mon pauvre mari est acquitté, mais il n'est pas lavé : il est complètement

[1] Saint-Marc Girardin, *Discours sur les prix de vertu*, août 1858.

étranger, je le jure, au crime affreux qu'on lui a imputé par suite de machinations infernales, et je prends ici l'engagement solennel devant Dieu qui m'entend et devant vous, Messieurs, qui êtes les représentants de la justice sur la terre, d'amener bientôt sur ce banc d'infamie les véritables auteurs de l'assassinat de Mme Boyer. »

L'assemblée entière fut saisie d'attendrissement en entendant ces paroles énergiquement prononcées.

Et nous aussi, Messieurs, en lisant pour la première fois ce mémoire, nous avons été ému, et notre émotion n'a fait que s'accroître en voyant comment, pendant sept années entières, la femme Durand a partout épié et surveillé ceux qu'elle soupçonnait d'être les coupables, allant dans les foires, dans les marchés, causant, questionnant, interrogeant tout le monde, rassemblant patiemment tous les indices, et chaque jour de marché allant à Apt communiquer ses découvertes aux magistrats.

Un jour enfin, en 1828, ayant surpris par hasard un signe d'intelligence entre les nommés Chou et Bourgue qui, plus tard, furent condamnés comme étant les vrais assassins de la veuve Boyer, elles les vit s'acheminer vers une maison isolée, près du village de Joucas ; ils y entrèrent et s'y enfermèrent. Mme Durand pensa que, si elle pouvait les entendre causer ainsi tête à tête, elle parviendrait à surprendre dans leur entretien le secret qu'elle poursuivait depuis si longtemps, le secret de l'innocence de son mari. La nuit arrivait ; Mme Durand se glisse près de la maison, gravit un mur, arrive près de la chambre où se tenaient les deux hommes, se suspend à un treillage en fer, qui montait près d'une croisée, et comme les contrevents n'étaient qu'à demi fermés, elle voit et elle entend Chou et Bourgue qui avaient une de ces conversations qu'ont presque toujours entre eux les complices d'un crime. Bourgue accusait Chou d'être trop bavard et d'avoir trop parlé ; Chou demandait à Bourgue de l'argent pour se taire, et Bourgue, qui était le plus riche des assassins et le gendre même de la victime, Bourgue payait cette fois encore le silence de son complice.

Enfin Mme Durand était maîtresse du secret des coupables, elle pouvait justifier l'innocence de son mari. Dès le lendemain elle allait à Apt révéler tout au procureur du roi. Une nouvelle instruction avait lieu, onze accusés étaient traduits devant la Cour d'assises à Carpentras ; deux de ces accusés, Chou et Bourgue, étaient condamnés à mort et les autres à des peines plus ou moins fortes ; enfin surtout, l'innocence de Durand, l'ancien acquitté, était hautement proclamée par le magistrat qui portait la parole au nom de la société. L'acquittement de Durand était de 1822 ; la condamnation de Chou et de Bourgue était de 1829. Mme Durand avait mis sept ans à rechercher et à découvrir la vérité qui devait réhabiliter son mari ; sept ans de peines, de fatigues, de dangers, de soins, d'intelligence, de courage, de dévouement, et, au bout de sept ans, un jour de joie et d'honneur !

Quel drame, Messieurs, et avec quelle émotion l'Académie en suivait les diverses scènes ! Mais il y a des critiques ou des douteurs à l'Académie; si par hasard c'était un drame, une fiction? ou si la vérité avait été enflée? si d'une simple et honnête paysanne, qui savait l'innocence de son mari et qui la disait partout, avant comme après l'acquittement, l'imagination municipale ou départementale avait voulu faire une héroïne? Les paroles de cet engagement solennel, pris devant la justice en 1822, étaient bien pompeuses pour une simple paysanne; cette enquête de porte en porte, ces nuits sans sommeil racontées par le mémoire et employées, dit-on, à épier les coupables, cet entretien surpris derrière une croisée, au haut d'un treillage de fer, tout cela semblait singulier et romanesque; nous ne doutions pas de la vérité du fait principal, nous craignions seulement que la légende ne se fût ajoutée à la vérité et qu'elle ne la couvrît, comme le lierre fait de l'arbre qu'il semble parer et qu'il étouffe. Je raconte les doutes, les scrupules de l'Académie; peut-être même je les exagère, parce que je ne leur en veux pas, puisqu'en nous amenant à écarter peu à peu ce qui était de la légende ils nous ont conduit à une vérité plus belle, plus touchante encore, plus digne de nos hommages.

Ce n'est pas que l'Académie ait le moins du monde l'intention de révoquer en doute ou de blâmer le mémoire qui lui a raconté l'admirable dévouement de la femme Durand. Elle a recherché et avéré tous les faits principaux; elle en a même trouvé de nouveaux, qui ajoutent encore à l'admiration. Comme le mémoire nous parlait de l'intérêt que Mme Durand avait inspiré aux magistrats en 1822 et en 1829, nous avons pensé que c'était dans leurs souvenirs que nous retrouverions les témoignages les plus exacts et les plus sûrs du dévouement de Mme Durand. Nous ne nous étions pas trompé; le magistrat qui était procureur du roi à Apt en 1822, et qui avait reçu les premières confidences de Mme Durand, qui, en 1829, avait porté la parole et fait condamner les vrais assassins, est aujourd'hui un des principaux chefs de la magistrature et secrétaire général du Ministère de la Justice : c'est M. Sibert de Cornillon; il a bien voulu s'entretenir avec moi des souvenirs qu'il avait gardés de cette affaire; il m'a communiqué le rapport que M. le procureur général de la Cour impériale de Nîmes a récemment adressé à M. le Garde des sceaux sur la belle conduite de la femme Durand. Ces souvenirs et ce rapport sont plus touchants encore que le mémoire du maire de Joucas. Ils témoignent vivement de l'admiration que la conduite de Mme Durand a inspirée aux magistrats, et ils en témoignent avec cette vérité d'impression personnelle que rien ne remplace.

« Pendant l'instruction de l'affaire, en 1821, c'est la femme Durand, dit le procureur général de Nîmes, qui soutint le courage de son mari à la Cour d'assises; c'est elle qui l'assista pour ainsi dire et qui fortifia de son accent et de son attitude les protestations d'innocence du pauvre Durand.

« La conduite de cette épouse dévouée, son attitude pendant les débats, ne furent pas, dit-il encore, sans influence sur la décision du jury; mais, Durand acquitté, sa femme ne regarda pas sa tâche comme terminée. Quoique simple paysanne, le sentiment de l'honneur était chez elle si puissant qu'elle résolut d'effacer à tout prix la tache dont une accusation aussi injuste que flétrissante avait souillé le nom de son mari, tache que l'acquittement de celui-ci ne faisait pas entièrement disparaître aux yeux de l'opinion publique. »

Vous reconnaissez ici, Messieurs, dans le rapport du magistrat, l'engagement solennel que nous avons vu dans le premier mémoire. Ce n'en sont pas les paroles dramatiques, c'en est le sentiment : l'honneur de son mari, la dignité du nom que portaient ses enfants, tous ces grands sentiments qui sont à l'usage de toutes les conditions, voilà ce qu'a compris la femme Durand. Elle n'a pas voulu avoir pour mari, pour père de ses enfants, un acquitté, mais un innocent. Elle a senti que l'honneur était plus exigeant que la loi ; que, si les tribunaux s'arrêtent où le doute commence, la conscience ne doit s'arrêter qu'à la vérité ; elle a senti enfin que c'est une triste innocence que celle qui n'a droit qu'à l'estime du Code pénal. N'y a-t-il pas là, Messieurs, la vertu qui soutient les familles et la société ? Que seraient, en effet, les familles et les sociétés qui, dans l'ordre des devoirs de l'homme ou du citoyen, se contenteraient toujours du nécessaire et n'iraient jamais jusqu'au superflu ? Je ne sais si, en 1822, au tribunal, Mme Durand a exprimé tout cela dans un engagement solennel ; je ne sais pas ce qu'elle a dit, je sais ce qu'elle a fait pendant sept ans. Trouvez-moi une parole plus éloquente que sept ans employés, jour par jour, à revendiquer l'honneur de son mari et de sa famille !

Le mémoire du maire de Joucas nous parlait des courses et des fatigues de la femme Durand. La conversation et le rapport des magistrats ajoutent quelques traits nouveaux à ce récit, et ces traits ne sont pas les moins expressifs. Il fallait persuader les magistrats, il fallait les amener à transformer en instruction judiciaire cette enquête qu'elle faisait à sa manière. Quelle difficulté pour une simple paysanne ! Et combien cette difficulté a dû être plus pénible pour elle que ses courses et ses fatigues de jour et de nuit ! Mais ne nous en plaignons point. Ah ! si le dévouement ici-bas rencontrait, dès le premier moment, le but qu'il veut atteindre, s'il n'y avait pas, pour l'éprouver et l'affermir, le doute et l'incrédulité, le dévouement ne serait plus une vertu, il ne serait qu'un bonheur. Dieu ne l'a pas voulu si facile et si doux. Il a voulu surtout qu'il fût persévérant : la femme Durand, non seulement a été persévérante, elle a fait plus, elle a trouvé dans le sentiment qui l'animait une intelligence nouvelle. « Par une sorte d'inspiration et avec une sagacité naturelle, aiguisée par l'immense intérêt qui la dominait, dit le rapport du procureur général de la Cour impériale de Nîmes, elle avait entrevu la vérité en assistant aux débats de la Cour d'assises en 1822. L'attitude de certains témoins, les contradictions dans lesquelles ils étaient tombés, les signes de frayeur donnés par quelques-uns quand les questions du président prenaient une certaine direction, lui avaient fait croire que c'était parmi les principaux témoins à charge qu'il fallait chercher les coupables. »

Voilà donc, Messieurs, le fil qui l'a conduite dans ses recherches; voilà ce qui a fait pendant sept ans, d'une simple paysanne, le plus habile des juges d'instruction. Son courage et son intelligence viennent du même principe, ou plutôt du même sentiment. On sait déjà quel fut le résultat : les vrais coupables furent condamnés; la justice put s'applaudir que le meurtre de la veuve Boyer fût puni et que la société fût vengée; mais ce n'est pas la révélatrice d'un grand crime et l'instrument d'une juste punition que l'Académie honore dans Mme Durand. Elle prend part, comme tout le monde, à la vengeance des lois; mais c'est surtout le dévouement conjugal de Mme Durand que nous signalons aux hommages publics. Ces meurtriers enfin punis, cet assassinat enfin expié, tout cela, pour la femme Durand et pour nous, après elle, ne signifie que l'innocence de son mari enfin reconnue, que l'honneur d'une pauvre et honnête famille solennellement proclamé.

Ce fut là le sentiment populaire, ce fut aussi celui des magistrats, plus sensibles, comme hommes, à cette glorieuse revendication de la vertu que, comme juges, à cette punition du crime. « Ce grand acte de justice, dit le rapport du procureur général, que nous aimons à citer parce qu'il consacre l'authenticité d'une grande et belle action, fut accueilli avec bonheur par l'opinion publique ; et les témoignages les plus éclatants de sympathie et d'admiration furent prodigués à la femme héroïque, dont les efforts persévérants avaient amené ce résultat. Voilà, dit-il encore, le tableau fidèle de la conduite tenue par la femme Durand dans les circonstances douloureuses où l'odieux complot tramé contre son mari avait placé cette famille. Cette conduite, rehaussée par toute une vie consacrée au culte de la vertu et aux saintes affections de la famille, constitue-t-elle, en faveur de la femme Durand, un titre suffisant au prix de vertu de l'Académie française? Il ne m'appartient pas d'examiner cette question, ajoute M. le procureur général, encore moins de la résoudre ; mais ce que je puis affirmer, c'est que le souvenir de l'héroïque dévouement de la femme Durand est encore vivant dans nos contrées, et que la haute récompense qui lui serait décernée aujourd'hui serait accueillie comme un grand acte de justice par l'opinion publique. »

L'Académie, une fois le fait avéré, n'a point hésité. Il y a là un grand et noble sentiment qui élève une âme simple au niveau du plus grand devoir et qui lui donne la force non seulement de supporter le malheur, mais de le vaincre. Jamais prix de vertu n'a été décerné d'une manière plus conforme aux intentions du fondateur[1].

*
* *

Moins extraordinaire dans un genre semblable, la conduite de Mlle Josserand dénote encore la délicatesse de l'honneur, la distinction exquise des sentiments.

[1] Mme Durand se vit décerner un prix de 3.000 francs.

Les petites gens n'ont, la plupart du temps, à transmettre à leurs enfants autre chose que leur nom, ce nom que leur ont légué leurs ancêtres, et qui doit être l'héritage de leur postérité. Aussi le veulent-ils sinon glorieux ou illustré par de hauts faits, du moins sans tache et honorable.

Ainsi le pensa Mlle Josserand [1].

Il y a quelques années que, dans la petite ville de Provins, une famille honnête fut complètement ruinée par des entreprises hasardeuses. Après avoir donné tout ce qu'il possédait, le malheureux père, âgé et incapable de travail, devait encore près de 4.000 francs.

Déclaré insolvable, et n'ayant que des enfants mineurs, ses créanciers l'abandonnèrent. L'une de ces enfants était une jeune ouvrière de quatorze ans, qui travaillait depuis plusieurs années pour ramasser une dot qui lui permît d'entrer dans la vie religieuse. C'était là l'unique objet de ses vœux.

Aussitôt que le désastre de sa famille lui fut connu, abandonner son petit trésor pour subvenir aux premiers besoins, devenir par son travail l'unique appui d'un père infirme, d'un frère enfant, d'une grand'mère octogénaire, tout cela ne fut pas assez pour la jeune fille.

Sa mère, sa pauvre mère est là, mourante, et ce n'est pas la misère qui la tue. L'ange qui veille auprès d'elle comprend des vœux que le cœur d'une mère ne laisse pas échapper, et toute sa vie y sera consacrée. Le travail du jour, celui des nuits, joints aux plus rudes privations, lui permettront d'acquitter les dettes de la famille, et un jour le nom de son père sera réhabilité.

La malheureuse mère ferme les yeux en bénissant sa fille. Peu après celle-ci va trouver les créanciers, leur demande

[1] FLOURENS, *Discours sur les prix de vertu*, juillet 1843.

du temps, beaucoup de temps, et les supplie de laisser quelques effets à son vieux père.

On est ému à la vue de cette enfant; mais son projet étonne! elle n'a que son travail, trois personnes sont à sa charge, et elle entreprend de payer des dettes qui ne sont pas les siennes. Une résolution aussi forte, dans un âge aussi tendre, trouve des incrédules.

Il y a aujourd'hui vingt ans que Mlle Josserand a pris ce noble engagement, dont elle a rempli toutes les obligations, et elle semble croire que sa conduite n'a rien que de très ordinaire, son courage n'ayant jamais failli; une vie qui n'a été que la mise en œuvre d'une bonne pensée lui a laissé toute sa délicatesse et toute sa modestie.

Elle a reçu les derniers vœux de sa grand'mère, la vieillesse de son père a été honorée par elle et pour elle, son frère lui doit une bonne éducation et un état : il lui doit surtout un nom sans tache; car toutes les dettes ont été acquittées; et ce sont des créanciers payés, ce sont des voisins qui ont admiré en silence, qui viennent aujourd'hui, et à son insu, divulguer le secret d'une vertu qui s'ignore[1].

[1] Mlle Josserand obtint une médaille de 1.000 francs.

SOUS TERRE

Lutter contre la mer en furie n'est certes pas jeu d'enfant; mais il est possible de le faire. On voit où l'on est; on sait d'où vient la vague et comment l'affronter. Et pour peu que l'on ne soit pas trop loin du bord, tant que l'on respire, il y a de l'espoir.

Mais est-il rien de plus épouvantable que d'être enseveli dans un puits ou dans une mine? Si l'on n'est pas tué du coup, à peine ose-t-on faire un mouvement! A chaque instant on a peur de se voir complètement écrasé. Si vous remuez le pied ou la tête, peut-être qu'une pierre en équilibre va s'effondrer et vous broyer. Pas de lumière, pas d'air, et, par-dessus tout, si l'on n'est pas broyé, la peur de mourir de faim.

Ceux qui vont au secours des malheureux ensevelis ne procèdent qu'avec des précautions infinies, dans la crainte ou de hâter la mort de ceux qu'ils veulent sauver, ou de périr eux-mêmes, et cependant il en est beaucoup qui n'hésitent pas à risquer leur vie en ces sortes de sauvetages.

*
* *

A Beauquesne près de Doullens (Somme), un ouvrier

travaillait à extraire de la pierre d'une carrière de vingt-cinq mètres de profondeur, quand tout à coup un des piliers de la chambre s'écroule, et le malheureux est enseveli jusqu'aux épaules. Son fils était à l'orifice du puits, attendant l'ordre de hisser les pierres. Il n'entend que les gémissements étouffés d'une voix qui peut à peine crier au secours. La foule accourt aux cris du jeune homme épouvanté. On le lie à la corde, on le descend. Il arrive ; il ne voit pour ainsi dire que la tête effrayée de son père. Il attaque cet amas de pierres... Vaine espérance! Un nouvel éboulement le couvre lui-même. Ses bras meurtris ne peuvent plus secourir son malheureux père. Sa tête est ensanglantée et sa voix n'annonce qu'avec peine à la foule effrayée qu'ils vont périr tous deux. Cette foule crie, se presse, sonde le précipice de ses regards ; mais personne n'ose descendre. On se montre avec effroi des amas de pierres ébranlées et prêtes à ensevelir les malheureux.

Le frère de la première victime recule lui-même devant ce péril imminent, lorsqu'un maître maçon, qui travaillait près de là, demande la cause de ces clameurs. C'est François Rétel, le père de trois enfants en bas âge ; mais leur souvenir ne vient point glacer son intrépidité ; il prend la corde à son tour, il est au fond de cet abîme ; le fils n'a que la force de lui montrer la tête de son père. Rétel s'élance ; il essaye de soulever une pierre qui pèse sur l'épaule du malheureux ouvrier, elle résiste; elle pèse quatre cents, n'importe! Rétel revient à la charge; il la soulève, il la renverse, il arrache les autres; il ramène le père auprès de la corde, il revient au fils et l'emporte à son tour. Mais le père est sans mouvement, Rétel craint d'être venu trop tard; il demande de l'eau-de-vie; et quelques gouttes suffisent pour ranimer le mourant. Un fort panier descend; il l'y place et le lie, et une première victime est dérobée à la mort; le fils est remonté à son tour. Rétel ne reparaît que le dernier; et, au moment où la foule le salue de ses acclamations, un nouvel éboulement se fait entendre; une minute plus tard le sauveur des deux ouvriers eût payé de sa vie le courageux dévouement qui le signale à l'admiration publique.

Mais, grâce au ciel, l'Académie a pu l'en récompenser, et un prix de 3.000 francs sera le juste salaire de cette belle action[1].

*
* *

Jean-Baptiste Febvre, charron à Gripport (Meurthe), est un encore de ces hommes intrépides qui ne mettent jamais l'intérêt de leur vie en balance avec les devoirs de l'humanité, qui se multiplient par leur dévouement, et qu'une Providence attentive semble protéger contre les périls, parce qu'elle les réserve de loin pour d'autres actes de vertu[2]. Il faut abattre la toiture d'une maison incendiée pour sauver celles qui l'environnent, Febvre abat la charpente, il s'abîme avec elle et se relève. Joseph Maudru est tombé dans un puits profond de quarante pieds, dont la maçonnerie toute pleine n'offre pas un vide, pas une fente, pas un inters-

[1] Viennet, *Discours sur les prix de vertu*, septembre 1846.
[2] Nodier, *Discours sur les prix de vertu*, août 1836.

tice où se cramponner; Febvre s'abandonne à la faible corde du tour, soutenue seulement par les enfants du malheureux Maudru, car il est une heure du matin. Il le retire, il le fixe, évanoui, au seau mal assuré. Plongé dans une eau glaciale, il attend, pour le suivre, qu'il soit certain de l'avoir sauvé. Si le tour échappe à la main débile des enfants, sa mort est cependant presque inévitable.

C'est d'un semblable accident que faillit être victime quelques années après un pauvre manœuvre nommé Dominique Carnet. Au moment où il se faisait remonter du fond d'un puits de soixante-dix pieds qu'il venait de curer, le tour est retombé avec violence sur lui-même; on n'a entendu qu'un cri, accompagné d'un bruit sourd. Carnet doit être mort. Febvre apporte d'autres cordes, rajuste à la hâte l'instrument ébranlé par une si rude secousse, descend, renvoie au dehors un corps sanglant, asphyxié, sans vie, dans lequel les spectateurs ne voient qu'un cadavre. Mais Febvre est retiré à son tour; il se penche sur ce corps presque inanimé, il y sent battre un cœur, il l'emporte, il le lave, il le frictionne, il le ressuscite, ce n'est pas trop dire; et quinze jours après, Dominique Carnet est rendu à ses enfants.

Il faudrait avoir quelque chose de l'infatigable activité de ce brave homme pour le suivre dans toutes les occasions où il signale son courage et son humanité, soit qu'il se précipite dans la Moselle pour en retirer un enfant, soit qu'il relève sur le grand chemin un malheureux saisi par le froid, et qu'il le porte de maison en maison, à d'assez grandes distances, trop souvent rebuté, faut-il le dire, par les refus de l'égoïsme; soit qu'il arrête dans sa course un cheval furieux, en le saisissant par les narines, à l'instant où il va traverser des champs couverts de moissonneurs et se laisse entraîner avec lui pendant l'espace de quelque cent toises, plutôt que

Ce cheval était chargé d'une faux posée en travers. (Page 137.)

de l'abandonner. On frémit de penser que ce cheval était chargé d'une faux posée en travers[1].

La sécheresse et un éboulement avaient rendu indispensable le rétablissement d'un puits qui fournit l'eau à la commune de Fleurac[2]. Le 29 décembre 1834, malgré l'évidence du péril, Jean Quiérou, jeune maçon intelligent et hardi, consent à descendre dans ce puits : à une heure, il a terminé tous ses préparatifs; la machine qui doit extraire les décombres est pleine; mais avant de la faire hisser, il veut s'assurer de quelques pierres qui menaçaient ruine au-dessus de l'éboulement; il monte par la corde; à peine a-t-il atteint le mur qu'une masse énorme se détache et l'ensevelit. On crie au secours, on s'approche du puits; mais quel sujet d'effroi! ce puits, qui n'a ordinairement que cinquante pieds de profondeur, est devenu un gouffre affreux; les décombres même offrent des crevasses dont on ne voit pas le fond. Tout le monde regarde Quiérou comme un homme perdu; cependant quelques gémissements qui se font entendre annoncent qu'il respire encore. François Chaumel, dit Firmin, garçon cordonnier, âgé de dix-neuf ans, est accouru; il entend les gémissements de son camarade et conçoit aussitôt l'espoir et la résolution de le sauver.

Il se fait attacher par une corde et descend dans le puits, malgré l'aspect des pierres et des masses de terre qui menaçaient de s'écrouler sur lui. Déjà il a travaillé deux heures, on a monté plus de quatre charretées de pierres; déjà il

[1] L'Académie donne à Febvre un prix de 2.000 francs.
[2] Tissot, *Discours sur les prix de vertu*, août 1835.

n'est plus qu'à une petite distance du malheureux Quiérou, qui lui inspire une nouvelle ardeur par ses prières; mais tout à coup un moellon se détache, tombe sur Firmin et lui fait une blessure grave à la tête. La vue de son sang qui coule en abondance, l'excès de la fatigue, l'idée affreuse de se voir englouti vivant, lui inspirent de l'épouvante; il sent d'ailleurs que ses forces l'abandonnent et crie pour qu'on le retire du gouffre.

Sa figure pâle, ensanglantée, jette la consternation dans la foule. Cependant un autre jeune maçon, Bernard Laporte, surnommé Bernichou, se présente : apprendre le malheur de son camarade, descendre dans le puits pour le secourir est l'affaire d'un moment. A force de travail, Laporte parvient enfin à découvrir la tête et le bras de Quiérou, qui renaît à la vie à mesure que l'air vient frapper son visage. Mais Laporte reçoit à la tête une forte contusion ; il lève les yeux; les masses énormes suspendues au-dessus de sa tête commencent à l'effrayer ; un froid glacial succède à l'ardeur dont il était enflammé en descendant au fond de l'abîme; il pressent une invincible faiblesse et demande à remonter.

A sa vue, la terreur s'empare des spectateurs; les cris et les prières ne peuvent décider personne à affronter le danger. Quelques-uns s'avancent vers les bords du puits, mais les horreurs d'une mort qui paraît inévitable les font reculer d'effroi. Chaumel, dit Firmin, dont les forces se sont ranimées avec le courage, s'approche de nouveau du puits, examine les immenses crevasses qui s'étendent de tous côtés, considère toute la grandeur du péril, se retourne et s'écrie : « C'en est fait, je vais encore descendre; j'y mourrai ou je le sauverai. »

Déjà il est auprès de Quiérou ; tous deux entendent ce qui se dit au-dessus de leurs têtes; ils croient même sentir dans la terre l'impression que produisent sur les terrains mouvants et crevassés qui les enveloppent, les pas de la foule immense qui se presse autour du puits. Firmin ordonne avec effroi qu'on empêche d'approcher; tout le monde s'empresse de se retirer.

Dans ce moment, Chaumel et Quiérou sont admirables de sang-froid. Le premier reçoit du second les pierres qui ont roulé au fond de l'abîme et les dispose de manière à former autour d'eux une espèce de voûte qui puisse les protéger dans le cas d'un nouveau malheur et d'un éboulement trop à craindre. Après deux heures de travail, il ne restait plus qu'une des jambes de Quiérou qui se trouvât retenue et cachée sous un quartier qu'il était dangereux de soulever. Firmin, voyant l'inutilité de ses efforts pour dégager son camarade, lui passe une corde autour du corps et ordonne de le hisser en l'air. Plusieurs bras travaillent avec ardeur à mettre hors du puits le malheureux captif : inutiles et dangereux efforts! La jambe de Quiérou aurait été brisée si l'on eût continué la manœuvre.

Dans cette extrémité, l'intrépide Firmin prend un parti désespéré. Il saisit une barre de fer, la glisse sous le quartier, soulève la pierre. Alors les crevasses se prolongent avec bruit; la chute des pierres recommence. Enfin Quiérou peut sortir sa jambe. Il est hissé en haut du puits et tombe évanoui entre les bras de ses concitoyens. Huit heures d'agonie et les angoisses d'une mort affreuse et toujours menaçante avaient épuisé ses dernières forces. Firmin avait tenu parole, il avait sauvé Quiérou; mais il ne voulut sortir du puits que le dernier.

Raconter un pareil trait, c'est le louer de la manière la plus éloquente, et justifier sans doute la décision de l'Académie qui, en accordant un prix de 5.000 francs au pauvre et généreux Firmin, voudrait lui poser encore sur la tête cette couronne murale que la vertu romaine mettait à si haut prix.

UN PETIT SOU, S'IL VOUS PLAIT !

Les grands-pères de notre époque ont maintes fois raconté à leurs petits-enfants les multiples aventures qui leur étaient survenues au temps des diligences et des pataches. Ils n'ont eu garde d'oublier le spectacle curieux qu'offraient alors les cours des auberges ou les abords des relais transformés en cours des miracles, où mendiants et estropiés de toutes sortes apitoyaient les voyageurs sur leurs infirmités.

Le métier, paraît-il, — nous entendons celui de mendiant, — était alors fructueux. La légende montrait, en effet, de hautes et splendides maisons, des rues, des quartiers de certaines villes, ainsi légués à leurs enfants par des pauvres enrichis des aumônes jetées liard à liard dans leur sébille ou leur casquette.

Mais à côté de ceux qui tendaient pour eux-mêmes une main parfois faussement difforme, il y en avait qui tendaient une main fine et valide, quémandant pour autrui. Obtenaient-ils plus, obtenaient-ils moins que les premiers ? Nous n'en savons rien; mais, ce que nous savons, c'est qu'ils ne se décourageaient pas, et que, s'ils vivaient dans des guérites ou des huttes, ils arrivaient ainsi à bâtir des hospices pour les vrais malheureux, s'attirant la reconnaissance de leurs concitoyens, sans le vouloir et le rechercher, mais simplement en faisant le bien et en le faisant simplement.

*
* *

De ce nombre est Madeleine Augier, surnommée la *Quêteuse*, dont Montalembert trace la biographie[1].

Il n'est personne qui, ayant parcouru de 1821 à 1827 la route d'Avignon à Marseille, n'ait conservé le souvenir de cette jeune femme à robe noire, à coiffe blanche, qui, au moment où les voitures, les voyageurs, les simples passants traversaient la ville d'Orgon, se présentait à eux et leur tendait la main pour les pauvres malades de l'hôpital de cette ville.

Née pauvre et vouée dès l'enfance aux travaux des champs, à l'âge de vingt ans, elle vit son frère dangereusement malade et guérir à la suite d'une neuvaine faite par elle au sanctuaire vénéré de Notre-Dame-de-Lumières, dans la vallée d'Apt. Par reconnaissance de ce bienfait, elle fit vœu d'embrasser la vie religieuse; mais, faute de dot et d'instruction suffisante, elle ne put être admise dans une communauté. Ce fut alors qu'elle se fit quêteuse pour les pauvres et qu'elle commença cette vie de fatigues incessantes qu'elle a poursuivie jusqu'à ce jour pour l'amour de Dieu et du prochain.

Pendant vingt-six années consécutives, on l'a vue, hiver et été, braver tantôt la chaleur suffocante et la poussière provençale, tantôt le souffle violent du mistral, être à son poste à chaque heure du jour et de la nuit, attendre les passants sur la grand'route, et n'en laisser échapper aucun

[1] MONTALEMBERT, *Discours sur les prix de vertu*, juillet 1862.

à sa modeste importunité. Son unique abri, pendant ces vingt-six ans, a été une guérite en planches de cinq pieds carrés, qu'on a depuis achetée et conservée comme une relique. Bien que si jeune et, disons-le avec le maire d'Orgon, sans qu'elle l'entende et sans qu'elle l'ait jamais su, bien que très belle, cette vierge candide, qui passait ses jours et ses nuits au milieu des postillons et des charretiers, n'a jamais été insultée. L'admiration publique lui servait de sauvegarde inviolable. « Si quelqu'un, nous dit le premier magistrat de sa ville natale, eût osé se permettre envers elle la moindre inconvenance, cent bras se seraient levés pour l'écraser. »

A ce pénible métier, elle ramassait annuellement de 800 à 2.000 francs, et elle a pu augmenter les trop faibles ressources des hôpitaux d'Orgon de plus de 50.000 francs, accumulés ainsi sou par sou, par le plus généreux et le plus infatigable dévouement. L'âge de Madeleine, aujourd'hui sexagénaire, et surtout l'établissement des chemins de fer, l'ont obligée de donner à ce dévouement une autre forme, mais n'en ont point atténué les efforts, qui soutiennent toujours, avec l'existence de son frère, celle d'un grand nombre d'infortunés[1].

*
* *

Voilà qui est déjà de bel exemple. Il y a mieux, pourtant, au dire de M. Vitet[2]. Écoutons-le :

Si je vous disais, Messieurs, qu'une femme d'une naissance honorable, accoutumée dès sa jeunesse aux douceurs de la vie, et possédant une fortune qui l'assurait de les goûter longtemps, prend un jour la résolution non seulement de

[1] L'Académie concourut aux bonnes œuvres de la *Quêteuse* en lui offrant un prix de 3.000 francs.

[2] Vitet, *Discours sur les prix de vertu*, août 1857.

mourir au monde, de se dévouer tout entière au soulagement des malheureux, mais de tout leur abandonner, tout, sans réserve, sans exception, le nécessaire comme le superflu ; si j'ajoutais que cette résolution s'est accomplie, que depuis quinze années tous les établissements charitables qui manquaient à la contrée ont été construits et dotés du seul produit de cette fortune devenue tout entière la propriété des pauvres, et que la donatrice, bientôt réduite à coucher sur la dure, s'imposant les mêmes privations, vivant de la même vie que les malheureux qu'elle soulage, mais ne se résignant pas à n'avoir plus rien à donner, s'est faite mendiante, seule et dernière chance de faire encore l'aumône, que penseriez-vous, dites-moi? Ne vous semblerait-il pas que je parle et d'un monde et d'un siècle bien éloignés de nous? qu'il me vient en mémoire quelque antique légende des premiers temps de notre foi? Peut-être cherchez-vous de quelle sainte matrone, béatifiée par l'Église au nom des pauvres reconnaissants, j'ai voulu vous rappeler la vie? Eh bien! Messieurs, ne cherchez pas : c'est de nos jours, à cette heure même, dans un chef-lieu de sous-préfecture d'un de nos départements, à Saint-Yrieix, en Limousin, que vous trouverez l'héroïne de cette moderne légende. Son nom, vous le saurez bientôt, pour peu que vous traversiez la ville ou le pays qui l'environne : l'orphelinat, la salle d'asile, l'ouvroir, l'école de jeunes filles pauvres, la maison des vieillards indigents, sont là pour vous le dire ; et c'est surtout dans la reconnaissance, dans la vénération, dans un certain étonnement respectueux des populations que vous le trouverez profondément gravé.

Le voyageur qui vient à Saint-Yrieix pour la première fois, s'il descend des voitures publiques, sera, selon l'ancien usage qu'un nouveau mode de transport commence à rendre moins fréquent, entouré de malheureux sollicitant sa charité. S'il ne remarque pas, dans ce groupe, une femme de cinquante ans, à l'aspect digne et sévère, qui lui tend noblement la main, s'il est distrait, s'il songe à ses affaires, s'il passe en écartant la pauvre femme ou même en la repoussant peut-être, aussitôt il lira dans les regards des spectateurs, dans les yeux des femmes et des enfants surtout, je ne sais quel avertissement qui semblera lui dire : « Monsieur, prenez donc garde; c'est Mme Fleurat! » Et chacun à l'envi lui dira le mystère de cette charitable mendicité, chacun lui fera le compte des bienfaits qu'a versés sur la ville cette indigente incomparable, sans parler des trésors de patience et de bonté qu'elle y répand encore tous les jours. On lui racontera la gêne qu'elle endure, les humiliations qu'elle brave pour obéir à Dieu et servir son prochain; en un mot, on lui en parlera comme on pouvait parler des saints de leur vivant. Une sorte d'auréole semble entourer son nom, chacun lui voue un culte intérieur; et ceux mêmes qui, dans les premiers temps, ne pouvaient croire à la persévérance de cette vertu surhumaine, depuis qu'ils l'ont vue toujours grandir et ne faiblir jamais, en sont les plus zélés, les plus fervents admirateurs.

Ce nom encore obscur, bien qu'entouré de tant de bénédictions, doit retentir dans cette enceinte.

L'Académie aime à se faire l'écho de ces acclamations unanimes de la reconnaissance populaire; elle est surtout jalouse de proposer au monde, en regard d'affligeants spectacles dont rougit notre temps, de tels exemples de grandeur et de pureté morale, exemples faits, en vérité, pour apprendre aux plus pessimistes à ne désespérer de rien. Le prix Montyon, le seul prix qui sera décerné cette année, est offert à Mme Fleurat; ou, pour mieux dire, vous dotez de 2.000 francs de plus les établissements charitables et les pauvres de Saint-Yrieix.

*
* *

A ces deux nobles mendiantes volontaires, nous en joindrons une troisième qui, pour ne pas tendre la main sur la grand'route comme les précédentes, ne le fait pas moins cependant, avec autant de simplicité courageuse, en faveur des malheureux que son cœur l'a poussée à recueillir.

Mariette Favre, après avoir servi comme domestique pendant vingt ans, reprit sa liberté vers la quarantaine, dans le but bien arrêté de consacrer à des vieillards sans foyer ses petites économies et le reste de ses forces épuisées[1]. Sa première recrue fut une vieille mendiante aveugle, avec qui elle partagea son unique chambre; une vieille paralytique ne tarda point à venir s'installer en troisième dans le singulier ménage; puis naturellement, la porte étant ouverte, il en arriva d'autres, toujours d'autres... Et aujourd'hui plus de cinquante débris humains sont groupés autour de Mariette Favre, logés dans des bâtiments qu'elle a fait construire avec le fruit de ses quêtes, nourris, chauffés comme par miracle, on ne sait plus avec quel argent.

En admirant tout cela, on doit renoncer à comprendre. Et il faut être l'ange de patience, d'ingéniosité et de douceur qu'est cette fille, pour gouverner si discordante république, car ces pensionnaires ont été ramassés Dieu sait où; en arrivant là, les « bons petits vieux », — c'est ainsi qu'elle les nomme, — sont pour la plupart insupportables, et, quant aux « bonnes petites vieilles », inutile de dire que ce sont des pestes. Eh bien! la communauté marche à souhait quand même; au milieu de tout ce monde, la chère vieille fille, coiffée toujours de son vénérable bonnet blanc d'ancienne

[1] Pierre Loti, *Discours sur les prix de vertu*, novembre 1898.

servante, évolue en souriant, aimable enjouée ; elle calme les uns, elle amuse les autres ; tout en pansant des plaies, en lavant des mains sales, en chassant la vermine des lamentables chevelures, elle ramène la bonne humeur chez les hargneux et les sombres.

Et puis, sous ses ordres, tout le monde, suivant ses moyens, concourt au bien-être d'autrui. Tel « bon petit vieux » qui a les pieds encore solides, mais qui est aveugle, va promener au soleil sur son dos telle « bonne petite vieille » dont l'œil est resté vif, mais qui n'a plus de jambes. Quant au travail, il est réparti, d'une façon merveilleusement entendue, entre chacun, suivant les facultés qu'il conserve ; ceux-ci labourent le jardin aux légumes, ceux-là coupent le bois ou bien mettent des pièces aux souliers qui s'usent ; et des grand'mères paralytiques, dont les doigts sont restés agiles, tricotent jusqu'au soir, sur leur lit, des chaussettes ou des jupons. Il y a certainement des jours d'inquiétude dans le phalanstère, c'est quand le pain va manquer, ou bien c'est, par les temps de gelée, quand s'épuise la réserve du charbon. Mais la sainte, alors, prend sa robe des dimanches avec son bonnet le plus blanc, pour s'en aller tendre la main chez les riches, — et chaque fois l'on s'en tire ! Oh ! il y a aussi des jours de liesse ; il arrive que de bonnes âmes, à l'occasion de certaines fêtes, envoient quelques friandises, des poulets et du bon vin ; ces jours-là, on s'assemble pour des repas qui ont la naïve gaieté des dînettes d'enfant, et, au dessert, les « bons petits vieux » se mettent en frais d'innocentes galanteries pour les « bonnes petites vieilles », qui leur chantent des chansons.

Il y a une délicatesse exquise à apporter ainsi non seulement un peu de bien-être ou de moindre souffrance, mais encore un peu de joie et de sourire à ces décrépitudes, à ces lentes agonies, qui semblent vouées à l'horreur du délaissement et du froid, sur des grabats solitaires. D'ailleurs, les bonnes magiciennes en cheveux gris ou en bonnet de linge, qui président à ces choses, paraissent elles-mêmes toujours gaies et doivent posséder certainement une paix et un bonheur déjà ultra-terrestres.

LES ENFANTS VICIEUX

Il est des personnes admirables qui ont pris pour tâche d'aller chercher le mal sous ses formes les plus répugnantes et de faire renaître la conscience dans les pauvres êtres où elle est le plus effacée. Tâche aride et plus pénible qu'elles ne se l'étaient imaginé tout d'abord. Les abîmes du mal sont quelquefois insondables dans le cœur humain ; et il faut toute l'énergie, toute la constance que donne la charité pour ne pas être pris de vertige.

Les exemples que nous en apportons sont dus à la plume de deux maîtres : Renan[1], et Alexandre Dumas[2] ; et les Brigands de Mme Gros ne le cèdent en rien aux Enfants vicieux de Mlle Léocadie Lavarde.

*
* *

Mme Gros, institutrice libre à Lyon, est peut-être la personne de notre temps qui possède le mieux l'art exquis de faire vibrer, par une sorte de savant coup d'archet, le

[1] RENAN, *Discours sur les prix de vertu*, août 1881.
[2] A. DUMAS, *Discours sur les prix de vertu*, août 1877.

sentiment moral non encore éveillé. L'amour de l'éducation du peuple est inné chez Mme Gros.

A Condrieu, le souvenir de ses écoles du dimanche, et surtout des promenades où elle menait ses élèves, est resté comme une légende. Ce n'était point assez pour elle: en 1870, elle revint à Lyon, rêvant d'une œuvre qui eût certainement fait reculer un esprit moins décidé et une âme moins vigoureusement trempée. Elle voulait porter son apostolat jusqu'aux derniers confins du mal et voir si, là encore, la voix du bien peut être entendue. Un sentiment particulier, comme il en existe presque toujours chez les grands fondateurs, entraîna sa conviction et fixa son choix. Elle crut trouver chez les jeunes garçons pervertis plus de droiture, de franchise et d'aptitude au relèvement que chez les jeunes filles, prises au même degré de démoralisation. Nous ne donnons cette impression que comme un jugement tout personnel; l'expérience eût peut-être tourné tout autrement avec un éducateur d'un autre sexe.

Quoi qu'il en soit, la véritable vocation de Mme Gros fut dès lors trouvée. Elle s'établit dans la sentine de Lyon, près des Brotteaux, au milieu des vagabonds que la cristallerie et les verreries de la Guillotière attirent de ce côté. Le tableau, énergiquement tracé par elle et par les témoins de son œuvre, de l'ignorance et de la méchanceté contre lesquelles elle eut à combattre, fait véritablement frémir. Elle débuta dans la charité en achetant une petite fille que son père vendait pour boire. Ce misérable lui demanda 50 francs. Mme Gros les donna. Ce qu'elle vit ensuite dans ce monde de précoces débauches dépasse toute créance. Trois fois des messieurs dévoués entreprirent de la seconder dans son œuvre; trois fois ils reculèrent, révoltés par ce contact odieux.

Au début, deux jeunes scélérats se risquèrent à adresser

à Mme Gros des paroles inconvenantes ; sa froideur absolue et sa fermeté leur imposèrent silence ; jamais depuis il n'est arrivé qu'on ait osé prononcer devant elle un mot déplacé. Elle s'est fait une famille de ces enfants sauvages et abandonnés. Elle ne doit se garder que de leurs démonstrations amicales, parfois trop vives, toujours respectueuses. Elle prétend que ces natures brutes ont un grand fonds de poésie naïve et qu'on s'empare aisément d'elles. Des figures laides, bestiales, grimaçantes, s'éclaircissent, s'embellissent peu à peu ; des êtres sinistres deviennent gais, expansifs, polis même ; « enfin, dit Mme Gros, ils ont un charme original et un cachet qui n'appartient qu'à eux ».

Mme Gros a rassemblé, dans un travail qui nous a été communiqué, les souvenirs les plus originaux de ses chers petits sauvages, comme elle les appelle, leurs bons mots, leurs hauts faits et surtout leurs progrès dans le bien. Les confidences de ces jeunes pervertis sont faciles à obtenir ; car, ainsi que Mme Gros le remarque, le premier sentiment qu'elle trouve toujours chez eux est la fierté de leurs crimes. Ils s'en pavanent et sont fiers de la crainte qu'ils inspirent. Un nouveau venu lui avoue un jour qu'il avait noyé trois de ses camarades dans le Rhône. « Ils m'avaient ennuyé, dit-il, je les ai poussés et je les ai regardés se débattre. » Un an après, ce petit misérable sauvait trois personnes en danger ; c'est maintenant un excellent soldat.

L' « enfant de feu », comme l'appelle Mme Gros, était dans l'école un véritable fléau par l'abus qu'il faisait de sa force sur ses camarades. Mme Gros lui fit promettre de ne se battre qu'une fois par jour, pour commencer. Trois semaines après, il ne se battait plus ; à tel point qu'ayant un jour reçu un soufflet, il sauta sur un bureau, et trépignant, furibond, les yeux étincelants, il dit à celui qui l'avait frappé : « Tu as du bonheur que j'aie promis à la dame de ne plus me battre, sans cela je t'aurais étranglé. »

Il y avait, à la Mouche (quartier des Verriers), un nid de petits vauriens nommé Bonhomme. Leur spécialité était de jeter des pierres aux passants pour le plaisir de les blesser. Les plus âgés, après une année de résistance, se décidèrent enfin à ne jeter qu'un nombre de cailloux fixé, avec promesse de n'atteindre personne. Ils ont tous fini par se corriger; et ils ont mis tant de zèle que maintenant ils pourchassent avec acharnement tous ceux qui jettent des pierres. Mme Gros fait, à ce sujet, une réflexion que nous recommandons à ceux qui s'occupent dans la philosophie de l'histoire du chapitre important : « Comment le brigand devient gendarme. » « En général, dit Mme Gros, ils se communiquent leurs qualités nouvelles, au besoin par des voies de fait, en faveur du bon ordre. »

Walch est évidemment un des naufragés dont le sauvetage a laissé le plus profond souvenir dans le cœur de Mme Gros. « Il avait quinze ans, carrure, tournure, visage, crinière, regard, caractère, le tout représentant à merveille le lion du désert dans sa force sauvage. » Quatre années l'avaient à peine apprivoisé, lorsqu'un jour une dame vient à l'école avec une rose rouge jetée coquettement sur un chapeau de velours noir. — Voyez, Mesdames, comme il faut peu de choses pour ramener l'homme à la vertu ! — A la vue de cette rose, les regards du lion s'éclairent pour la première fois; il sourit à cette fleur. Mme Gros profite de ce moment pour faire pénétrer dans cette âme inculte un germe d'amour-propre et un peu de honte sur sa tenue plus que négligée. Le dimanche suivant, pour obtenir la faveur d'être placé à côté de la rose, il vint à l'école en costume propre; lui-même avait lavé sa jaquette dans le Rhône de grand matin. « — Elle n'a pas pu *séquer*, dit-il, mais elle *séquera* sur mon dos. » « Depuis ce jour, dit Mme Gros, il s'est peu à peu civilisé; ses manières brusques ont disparu, il n'a gardé du fauve qu'il représente que l'extérieur avantageux et les qualités qui en sont l'apanage. » Mme Gros ayant été malade, le brave lion faisait chaque dimanche quatre heures de route pour venir s'informer de sa santé. Mme Gros lui parlant un jour de sa mère : « Oh ! j'ai deux mères, dit-il, celle qui *m'a né*, et puis vous. »

Les batailles rangées dans les graviers du Rhône, et surtout les atroces cruautés qu'exerçaient, les uns sur les autres les enfants de la cristallerie, ont été supprimées par Mme Gros. On ne se souvient pas qu'un seul de ses élèves, et elle en a eu par centaines, soit revenu au mal. Ceux qui se marient envoient leurs frères à Mme Gros et se font les recruteurs de l'école.

Le naturel, l'élan du cœur, la vivacité, l'entraînement, un esprit prodigieusement inventif, joint à une fermeté à toute épreuve, font de Mme Gros un exemple unique peut-être de l'instinct éducateur qui sait exprimer au peuple, dans son langage, les plus hauts sentiments. Ce qu'elle a surtout, c'est le don d'amuser. Sa force est dans les histoires qu'elle raconte avec une connaissance achevée des moyens de toucher la fibre populaire. Ce fut l'art de tous les grands initiateurs. La parabole a toujours entraîné l'humanité. L'humanité, en effet, aime l'idéal; mais il faut que l'idéal soit une personne, un fait, un récit; elle n'aime pas une

20

abstraction. Il paraît que, pendant que Mme Gros raconte ses histoires à ceux qu'elle appelle ses « brigands du dimanche », son auditoire est tout oreilles. Ah! si nous avions les récits de Mme Gros, sténographiés sans qu'elle le sût! Comme cela vaudrait mieux que les fadaises de notre littérature usée! Je porte envie aux gamins qui entendent ces chefs-d'œuvre, destinés sans doute, comme les vrais chefs-d'œuvre, à rester toujours inédits. Ils ont, du reste, le genre de succès qu'ils méritent : ils entraînent, ils convertissent. Après une histoire racontée par Mme Gros sur l'assistance que l'on doit à ses parents, Michel renonce à l'ivrognerie pour construire une cabane à sa mère qui couchait sous une charrette. Aujourd'hui Michel est marié et presque dans l'aisance. « Je me livrais à la boisson, disait-il dernièrement à Mme Gros, quand votre histoire m'a sauvé. Maintenant la bénédiction de Dieu est sur moi. »

Dans la clientèle de Mme Gros, il y a une catégorie que Mme Gros appelle, on ne voit pas bien pourquoi, « la série des Mongols ». Deux frères de cette bande se relayaient pour venir à l'école à tour de rôle. Cela parut singulier à Mme Gros, qui en fit un jour l'observation à l'un d'eux. « Mon frère ne peut pas venir, lui répondit celui-ci; il est sur l'arbre. — Et que fait-il sur l'arbre? — Il attend que je lui porte mes souliers; je les lui porterai quand la leçon sera finie, et il entendra l'histoire. Dimanche ce sera son tour d'avoir la leçon, et moi j'aurai l'histoire. — Alors vous n'avez qu'une paire de souliers pour vous deux? — Eh oui! c'est pour cela que, quand il fait mouillé, nous nous tenons sur l'arbre, en attendant notre tour de venir à l'école. »

Ce spectacle d'une terre avide de boire la rosée du bien, et qui s'ouvre au premier doux rayon de soleil, cette charmante inoculation du sens moral, par un mot, par un regard, en de pauvres êtres qui n'ont pas eu de mère, qui n'ont jamais vu un œil bienveillant leur sourire, rappellent les miracles qui remplissent la vie de tous les grands maîtres de la vertu. Remercions Mme Gros d'avoir fait revivre dans notre âge, devenu étranger aux grands secrets de l'âme, les merveilles de conversion qui semblaient réservées au temps où la grâce vivante se promenait sur la terre avec ses trésors d'indulgence et de pardon[1].

*
* *

Mme Gros a une émule en Mlle Léocadie Lavarde, dont Alexandre Dumas nous trace le portrait suivant, aussi spirituel que touchant :

Mlle Léocadie Lavarde est née à Bretteville-sur-Odon, près de Caen, en 1820. Ses parents étaient meuniers. Elle quitta la maison paternelle à l'âge de dix-huit ans pour entrer comme sous-maîtresse dans une maison religieuse de Caen, où l'on recueillait des enfants abandonnés. Elle y resta cinq ans; c'est là certainement qu'elle contracta le germe de cet amour particulier pour les enfants auquel elle a dévoué toute sa vie. Nous disons de cet amour particulier, parce que Mlle Léocadie Lavarde a des préférences pour certains de ces petits êtres. Nous aimons tous les enfants, et plus ils sont agréables, doux, gentils, pour me servir du mot qu'on leur applique le plus souvent, plus nous les aimons. Pour Mlle Léocadie Lavarde, c'est tout le contraire. Elle aime comme nous les enfants séduisants, mais elle a une prédilection marquée pour ceux qui ont de mauvais instincts, qui sont méchants, vicieux. Elle les considère comme des malades qui ont d'autant plus besoin de soins. Quant à ceux qui sont véritablement atteints de ces maladies

[1] L'Académie décerne à Mme Gros un prix de 2.500 francs.

physiques qui rebutent les charités vulgaires, Mlle Léocadie Lavarde les adore. Mais n'anticipons pas, et donnons les détails pour ainsi dire chronologiques de cette existence qui, n'importe où on l'interroge, est toujours et constamment consacrée au bien, semblable à ces belles sources, également pures, également rafraîchissantes, partout où l'on puise.

En quittant la maison religieuse de Caen, Mlle Léocadie Lavarde débarqua à Paris, en 1849, sans savoir où elle irait. C'était une époque où l'on ne savait guère où aller, surtout quand on était sans aucunes ressources, comme Mlle Lavarde. Elle frappa à la porte des Lazaristes, qui l'adressèrent aux Sœurs de la paroisse Saint-Sulpice. La Sœur Louise lui donna une chambre, meublée d'un lit de sangle et d'une chaise, où elle se mit à piquer des bottines pour vivre. C'est là le berceau de l'œuvre que devait poursuivre avec tant de dévouement et de succès cette charitable personne. La Sœur connaissant ses goûts lui confia d'abord une petite fille incorrigible, disait-on. Elle partagea avec cette enfant son lit, son pain et son âme bien certainement, car l'enfant fut corrigée. Aussi, au bout de quelques mois, cette mère d'élection avait-elle six nouveaux enfants, et quinze à la fin de l'année.

Il fallut prendre un logement plus grand, et aux frais de qui ? Aux frais de celle qui avait eu l'idée de soigner les enfants. Et quelles étaient les ressources de Mlle Lavarde ? L'aiguille. Aussi passait-elle les nuits. Voyez-vous cette lampe, cette main et cette aiguille qui donnent la santé, l'instruction, la morale, l'espérance à ces quinze petits êtres qui dorment pendant ce temps-là du sommeil dont se prive cette juste qui travaille ? Enfin quelques bonnes âmes connurent ce dévouement mystérieux et caché comme un crime, car, à toutes ses vertus, Mlle Léocadie joint ce mérite, qui les complète, de vouloir qu'on les ignore. Je vous affirme, Messieurs, que ce que nous faisons aujourd'hui, si nous ne le faisons pas à son insu, nous le faisons contre sa volonté, car elle n'aime pas qu'on se mêle de ce qu'elle appelle ses affaires. Elle veut accomplir le bien, elle veut ne pas manger, elle veut ne pas dormir pour faire vivre des enfants qui, sans elle, n'auraient ni pain, ni gîte; à qui cela fait-il du mal ? Cela ne vous regarde pas ; passez votre chemin, vous êtes riche, vous n'avez pas besoin de moi, et je n'ai pas besoin de vous. Voilà la nature de Mlle Lavarde; aujourd'hui elle m'en voudra du bien que je dis d'elle, mais je suis sûr qu'avant demain elle aura compris que c'était nécessaire et qu'elle m'aura pardonné.

Enfin, Messieurs, que vous dirai-je ? Quelques bonnes âmes forcèrent sa porte avec effraction, c'est le mot. Elle renvoya les premières personnes qui lui offrirent les premiers billets de banque comme on renvoie d'ordinaire ceux qui viennent en demander.

Ceci se passait rue de Vaugirard, n° 104, dans une maison qui a été démolie pour le percement de la rue Saint-Placide, un saint qui, en passant par là, s'est trouvé tout de suite en pays de connaissance. La loi finit par se mêler du cas de Mlle Lavarde. M. Rataud, alors maire de l'arrondissement, abusa de son pouvoir Je le dénonce. Il pénétra chez elle et la mit en relation avec deux charitables dames plus riches qu'elle, Mme Aignan Desaix et Mme Gilbert, qu'on m'a bien recommandé de ne pas nommer et qui l'aidèrent à s'installer rue du Cherche-Midi, n° 120, où est situé l'ouvroir dont on ne m'a pas recommandé de ne pas donner l'adresse.

C'est là que, depuis le 15 décembre 1855, c'est-à-dire depuis vingt-deux ans, c'est là, dans ce petit ouvroir de Saint-Vincent de Paul, que Mlle Léocadie Lavarde, directrice de cet établissement, reçoit, élève, instruit les enfants qu'on veut bien lui confier, et on veut lui en confier beaucoup, de sorte que la directrice n'est pas plus riche que ne l'était l'ouvrière, et que la lune curieuse, profitant du silence, qui est son ami, vient quelquefois plaquer son visage pâle contre la vitre, pour voir, à la lueur de cette lampe qui brûle encore, quelle est cette main qui travaille toujours. Si vous connaissez des enfants méchants, insupportables, incorrigibles, pauvres, obtenez de leurs parents qu'ils les confient à Mlle Lavarde, vous la rendrez bienheureuse ; mais rappelez-vous qu'elle a déjà guéri moralement et physiquement des centaines d'enfants, qu'elle a ensuite placé les uns, marié les autres, et que les ressources sont éventuelles et précaires. En 1859, la moyenne des enfants était de 73. En 1875, de 118; 675 enfants sont entrés dans la maison depuis que Mlle Lavarde est entrée dans la petite chambre des Sœurs de la paroisse Saint-Sulpice.

En 1859, la dépense quotidienne était de 17 centimes par enfant; aujourd'hui elle est de 1 fr. 03. Que voulez-vous? Les habitudes de bien-être et le luxe ont envahi jusqu'aux dernières classes. Aussi, au risque de passer encore une fois pour encourager le vice, je conseillerai aux personnes pieuses qui prendront connaissance de ce rapport, malgré le nom qui le signe, d'encourager aussi tous ces petits prodigues dont les maladies et les défauts ne découragent pas la noble directrice. Et, pour donner l'exemple, l'Académie décerne à Mlle Léocadie Lavarde un prix Montyon de 2.000 francs.

LA RAGE

A notre époque, ce mot, sans nous laisser absolument froids, ne suscite plus dans nos âmes cette terreur qu'il y faisait naître jadis. Pasteur est en effet venu, et son génie, sa patience, ont arraché à la nature le secret qui désormais guérit, presque toujours, ce mal réputé incurable.

Mais il n'y a pas encore trente ans, il en allait tout autrement. Être mordu par un chien enragé était tout ce que l'on pouvait craindre de plus horrible. C'était non seulement la mort certaine, mais la mort dans ce qu'elle avait de plus cruel, de plus hideux ; la mort au milieu des souffrances les plus épouvantables, souffrances physiques et souffrances morales de toutes sortes. Nul ne pouvait espérer y échapper.

La rage ! mal inguérissable qui tuait sûrement celui qui en était atteint. Ses concitoyens, en effet, ses parents eux-mêmes, tellement était forte la terreur, n'hésitaient pas à faire mourir le malheureux, autant par crainte d'être mordus à leur tour par lui que par humanité, pour le débarrasser de ses tortures, en l'étouffant sous des matelas ou, parfois, horreur ! en le tuant à coup de fusil, cadenassé dans une chambre, comme le chien cause de son mal !

Aussi quels éloges ne doit-on pas aux hommes courageux qui, malgré la perspective d'une fin si atroce, n'hésitaient pas à se jeter à la gueule des chiens enragés, pour préserver leurs semblables ! Devant eux, on aurait dû se mettre vraiment à genoux !

*
* *

Simon Albouy exerce dans la ville de Rodez la profession de tisserand, ainsi que son père septuagénaire, auquel son travail fournit les moyens d'existence[1]. Il est constaté par plusieurs témoignages que, revenant de chez lui vers les sept heures du soir, il fit la rencontre d'un chien enragé qui avait déjà blessé grièvement plusieurs de ses concitoyens; cet animal, qui avançait lentement, se mit à le poursuivre. Albouy, après s'être adossé contre un mur, l'attendit avec courage, et l'animal, s'étant jeté sur lui, le mordit cruellement. Notre héros cria au secours, après avoir saisi le chien. « Je ne lâcherai point, dit-il ; je veux éviter qu'il fasse d'autres malheurs; apportez une hache et brisez-lui les reins. Je réponds de l'arrêter, et je sacrifie ma vie pour sauver mes concitoyens. »

Il s'exprimait ainsi quand un passant, Joseph Fortat, gendarme à cheval, entendit sa voix, accourut à son

[1] PARSEVAL-GRANDMAISON, *Discours sur les prix de vertu*, août 1839.

secours, et le vit aux prises avec ce gros chien de parc, qu'il tenait par son collier et par les oreilles, ne cessant de demander une hache, afin, disait-il sans cesse, de le terrasser et d'empêcher qu'il ne sacrifiât d'autres victimes. Le gendarme frappa le chien de son bâton, trop faible pour le terrasser; mais un autre individu, armé d'un bâton plus massif, lui donna plusieurs coups si violents qu'il l'étendit mort à ses pieds.

Il résulte de la déposition du Dr Langlade, de Rodez, qu'Albouy a reçu de l'animal enragé quatorze blessures profondes, au ventre, sur la cuisse et sur les mains; que ce médecin a scarifié toutes ses blessures, en les brûlant avec un fer rouge, opération qu'Albouy a supportée avec autant de courage qu'il en avait montré quand il luttait contre l'animal hydrophobe. « Opérez; allez toujours, disait-il au médecin, je ne crains rien; je suis content, en pensant que j'ai pu me rendre utile à mes concitoyens[1]. »

*
* *

Jean-Baptiste Jupille, de Villers-Farlay (Jura), est berger. Pendant qu'il gardait son troupeau, des enfants qui jouaient auprès de lui ont été attaqués par un chien enragé. Il se jeta devant eux pour les protéger; à coups de fouet il voulut chasser l'animal furieux, qui se précipita sur lui, le poil hérissé, la bave à la gueule, et lui saisit la main gauche qu'il déchira sous ses crocs. Sanglant et lacéré, le brave garçon n'eut même pas la pensée de fuir; il fit face à la bête féroce que la rage semblait rendre invincible, et lutta contre elle. De la main droite il ouvrit la gueule écumante, en dégagea sa main gauche, reçut encore plusieurs

[1] L'Académie a donné à Albouy un prix de 4.000 francs.

morsures, et, avec cette rapidité de décision que donne le sang-froid du vrai courage, il lia le museau du chien à l'aide de la lanière de son fouet, puis il l'assomma à coups de sabot. Le chien était de forte taille et le sabot aussi. Le chien était mort, les enfants étaient sauvés ; mais Jupille était couvert de morsures[1].

Jupille n'était pas seulement blessé, il était empoisonné par le virus rabique et destiné à expirer dans d'horribles souffrances. On l'amena à Paris ; il fut confié aux soins de Pasteur ; ce fut la première merveilleuse cure opérée radicalement par ce grand savant.

*
* *

Le dernier trait que nous avons à citer n'eut pas des suites aussi consolantes : la personne qui en fut l'héroïne en fut aussi la victime. C'est une femme, et son courage n'en est que plus admirable.

Sœur Simplice, garde-malade de la maison de Bon-Secours, rue Jacob, à Paris, se trouvait alors dans une famille, aux environs de Bourges, chargée de donner des soins à deux enfants délicats.

Certain jour, dans une promenade autour de l'habitation, à l'entrée d'un bois vers lequel elle dirigeait les deux convalescents et trois de leurs petits cousins, une

[1] Maxime du Camp, *Discours sur les prix de vertu*, novembre 1885.

fillette lui fait remarquer un chien de mauvaise apparence se roulant sur l'herbe. Comprenant, à son aspect sinistre, le danger qui menace son jeune troupeau, elle repousse celui-ci et se porte en avant en criant : « Courez, sauvez-vous ! » Quant à elle, attirant l'attaque de l'animal, elle en brave le choc, le saisit par les mâchoires et le retient en place, jusqu'à ce qu'un vieillard, conduit par les cris des enfants épouvantés, vienne, entre les bras même de la courageuse femme, abattre le chien furieux et parvenu au dernier paroxysme de la rage. La Sœur Simplice avait reçu vingt-huit morsures. Malgré des soins empressés, trois semaines après elle succombait à Paris, au milieu de ses compagnes. Les obsèques de cette noble victime de la charité et du devoir attiraient à l'église Saint-Germain des Prés une foule sympathique, profondément émue, et chacun disait en se découvrant avec respect : « Pauvre fille ! elle est morte au champ d'honneur[1] ! »

[1] J.-B. Dumas, *Discours sur les prix de vertu*, août 1878.

LES MARINS D'EAU DOUCE

Les marins d'eau douce ne sont pas toujours ces hommes dont les marins d'eau salée parlent quelquefois en souriant, comme de gens qui ne voient jamais le danger de bien près. Les fleuves n'ont pas les furies de la grande mer, mais ils sont quelquefois plus traîtres, et leurs flots, pour n'être pas déchaînés en vagues, recouvrent assez d'abîmes pour qu'il y ait courage à s'y jeter. Aussi les marins d'eau douce comptent-ils souvent sur leurs habits plus de médailles de sauvetage que de boutons.

* * *

Voici un pauvre marinier du Midi, nommé Jean Thial[1] Il a été longtemps patron de bateau; il a été chef de drague au service de grandes entreprises, dans son pays d'abord au canal latéral de la Garonne, puis en Camargue au port Saint-Louis, enfin en Égypte à l'isthme de Suez. Jean Thial, qui a aujourd'hui cinquante-sept ans, habite le village de Cordes-Tolosane, dans l'arrondissement de Castel-Sarrazin. Vous savez ce que dit Montaigne de ces ardeurs subites, de ces élans

[1] SAINT-RENÉ TAILLANDIER, *Discours sur les prix de vertu*, novembre 1876.

primesautiers qu'il appelle des *boutées*, des *saillies* de l'âme. S'il s'agit simplement de saillies aussi fugitives que soudaines, la vertu assurément est bien autre chose ; mais que pensez-vous de l'homme chez qui, *boutées de cœur*, *saillies de l'âme*, inspirations de dévouement, se renouvellent à toute occasion ? Ce qui est explosion pour d'autres est sa nature même. Dès que le danger l'appelle, il y court. C'est un navire qui sombre, une famille en détresse, un de ses semblables déjà saisi par la mort ; il y court sans calculer les chances. La mort ferait son œuvre pendant qu'il hésiterait. Son bateau, ses rames, des cordes, avec cela des bras robustes et des épaules d'athlète, ces armes lui suffisent. Aussi ingénieux que hardi, aussi tenace qu'intrépide, il oblige bientôt l'ennemi à lâcher sa proie. Ce n'est pas seulement le fleuve qu'il combat, ou le canal, ou la mer, ou l'inondation dévastatrice ; il lui arrive de combattre la machine meurtrière. Et tout cela, encore une fois, le plus simplement, le plus naturellement du monde.

A quelle date commencent ses victoires ? On ne saurait le dire. Ses derniers actes de courage ont eu des résultats si extraordinaires qu'on s'est mis à rechercher les autres. La tâche était malaisée : Jean Thial est un de ceux qui, le fléau vaincu, s'éloignent satisfaits et sans bruit. Il fallait bien pourtant qu'une grande partie de la vérité arrivât jusqu'à nous. La liste connue s'ouvre en 1837. Le jeune batelier avait dix-huit ans. Un jour, un équipage de cinq chevaux avec le postillon allait se noyer dans la Garonne ; c'est Jean Thial qui les sauve. En 1841, un jeune homme venait de tomber dans le fleuve ; Jean Thial, qui travaillait comme chef de drague au pont de Moissac, aperçoit le malheureux qui se débat et disparaît ; il se jette à l'eau, plonge, saisit le noyé, le ramène à demi mort et le sauve. En 1850, sur l'étang de Thau, comme il traversait en bateau cette espèce de petite mer, un orage éclate, et les flots se soulèvent; il rentrait au port de Cette, quand il entend des voix déchirantes mêlées au bruit de la rafale. Un bateau chargé de fer était en train de sombrer sous l'assaut des lames. Prisonnière dans sa cabine à demi submergée, la famille du patron poussait des cris de désespoir. Jean Thial aussitôt se dirige sur ce point, arrive près des naufragés, leur rend le courage et l'espoir, déroule ses cordes; puis, à force de vigueur, à force d'adresse, et au péril de sa vie, faisant une sorte de point d'appui au bateau qui s'enfonce, il réussit à le maintenir au-dessus de l'eau jusqu'à ce que l'ouragan ait passé. Sur ce même étang de Thau, quelques mois plus tard, un bateau remorqueur avait été jeté par la tempête sur un banc de récifs. Affreux spectacle! il y a là un équipage réduit à l'impuissance, et la tempête redouble. Encore quelques-unes de ces secousses formidables, le bateau sera brisé infailliblement, l'équipage périra. Que fait l'intrépide Jean Thial? Il prend un levier, plonge au bas du récif, fait pénétrer son arme sous la quille du bateau, et, de son épaule puissante, parvient à soulever la masse. Le bateau se dégage et reprend la mer, l'équipage est sauvé.

Me reprochera-t-on l'uniformité de ces détails? Oh! que ce reproche serait fondé s'il s'agissait d'une œuvre d'imagination! Comme tout cela se ressemble! toujours même conclusion et même refrain. Un jeune homme se noie, il le sauve; une famille est abandonnée à la mort, il la sauve. Quelle monotonie! oui, je le confesse, et sans nul embarras, car ce n'est pas devant une telle assemblée que je m'en excuserais. La monotonie, en pareil cas, c'est précisément ce que nous cherchons, c'est la constance, c'est l'obstination d'une vertu vraie terminée en habitude... « L'éloquence continue ennuie », disait Pascal, mais il parlait ainsi des rhéteurs; la continuité de l'héroïsme dans une âme simple, quoi de plus touchant, Messieurs? quoi de plus digne de votre sympathie? Je poursuis donc sans scrupule en vous prévenant que vous en verrez bien d'autres.

En 1860, derrière l'écluse de Rabastains, au milieu d'un embarras de gros bateaux, l'un d'eux, entraîné par un courant subit, va être précipité sur des rochers. Grave est le péril, car les pilotes de cette embarcation, en ce moment-là, ce sont deux jeunes filles. Jean Thial, avec son bateau de charbon, se met en travers du courant, attire sur lui la colère du fleuve, amortit le choc qui menace les deux marinières et les sauve au risque de périr. La même année, à Alby, il sauve un mousse qui se noyait dans le Tarn. En 1863, à Moissac, par sa présence d'esprit comme par son courage, il sauve un navire et ses quatre hommes d'équipage qui allaient se briser sur un des piliers du pont Sainte-Catherine. Peu de temps après, en Camargue, occupé comme chef de drague aux travaux du port Saint-Louis, il sauve un chauffeur pris dans l'engrenage d'une machine. Ah! le malheureux, comme il va payer cher sa fausse manœuvre! Déjà les dents du monstre ont déchiré ses vêtements et mordu sa chair. Il est perdu! non, il se trouve que Jean Thial est à quelques pas de là. La sûreté du coup d'œil, l'adresse des mains, la promptitude et l'autorité du commandement d'arrêt, surtout le courage moral, et, plus encore que ce courage, la passion, l'ardente, l'irrésistible passion de sauver son semblable, voilà la force de Jean Thial. Cette fois encore la mort est contrainte de lui céder sa proie. Notez, je vous prie, qu'il est pauvre; son petit commerce de marin a subi plus d'un revers. Il a des dettes. Va-t-il, comme tant d'autres, invoquer sa détresse et se déclarer insolvable? Bien loin de lui cette pensée. Ce serait manquer à l'honneur. Le nom qu'il porte appartient à une famille populaire estimée de tous: il a, parmi ses parents, des prêtres, des religieuses, la supérieure d'une communauté ; son père, un vieux marin de l'État, a reçu jadis une pension de l'empereur Napoléon Ier pour avoir contribué à sauver la corvette *la Sirène;* son oncle a été couronné ici même, en 1844, pour des actes de courage. Noblesse oblige. Il obtient aux travaux de l'isthme de Suez un salaire plus élevé que celui de son pays ; le voilà parti pour l'Égypte, heureux d'avance, ou du moins résigné, si ces années d'exil lui permettent de payer ce qu'il doit.

A peine arrivé, on le retrouve à son poste de combat. Il sauve un jeune Grec qui se noyait ; il en sauve un autre qu'une machine allait dévorer. Plus tard, revenu dans son pays, il a le bonheur de préserver des flammes l'église et l'école du village. Monté sur la brèche d'une toiture, il combat l'incendie comme il a combattu la tempête. Que dire enfin de ce qu'il a fait dans la région de Toulouse, en 1875 ? Vous vous rappelez ces scènes de désolation, les campagnes submergées, les villages détruits, des quartiers de ville emportés par les eaux. Jean Thial monte dans sa barque, traverse les flots torrentiels de la Garonne, se lance sur la nappe mouvante qui recouvre le pays, s'engage dans une longue et large forêt de peupliers, où mille obstacles l'arrêtent, franchit une distance de plusieurs kilomètres et arrive sur le lieu du sinistre. Là, ce sont des maisons qui s'effondrent, des cris de détresse qui retentissent. Il s'en va de mur en mur, de ruine en ruine, relevant les blessés, arrachant à la mort ceux qui n'espéraient plus aucun secours. Savez-vous combien de créatures humaines lui ont dû la vie dans ce grand naufrage ? Il y en a plus de quatre-vingts !

Notre héros a reçu pour ses victoires de 1875 une médaille d'or de sauveteur. Pour nous, ce qui nous intéresse ici d'une façon particulière, c'est que Jean Thial nous appartient, puisque ces grands résultats, ces quatre-vingt-une victimes si hardiment préservées nous ont fourni l'occasion de connaître enfin toute une vie qui n'a jamais songé aux récompenses. N'essayons pas de proportionner l'éloge à l'importance des services rendus. Si l'on ne dit pas tout, on semble indifférent et froid ; si l'on veut tout dire, on a l'air de déclamer. Arrêtons-nous, les choses parlent d'elles-mêmes. Il suffit de raconter des faits et de proclamer un nom[1].

*
* *

Mathieu dit Boisdoux est un brave homme, rangé, sobre, laborieux, qui travaille le jour, qui travaille la nuit, pour nourrir sa mère et élever ses enfants. Son seul désordre est de prodiguer sa vie, cette vie si nécessaire à tous les siens, pour le bien de ses semblables. Qu'il découvre au loin la lueur d'un incendie, il y court, et vous pouvez compter qu'une fois arrivé il sera partout où seront les grands services à rendre, les grands dangers à braver. Qu'un accident arrive sur la Seine ou l'Yonne, qu'un enfant, qu'un homme crie au secours, si loin que soit Boisdoux, il l'entendra, et l'enfant, l'homme seront sauvés. On ne compte plus les incendies où a éclaté son courage, les victimes qu'il a disputées aux deux rivières de sa cité.

Un jour, leurs flots débordés couvraient au loin la plaine ; plusieurs quartiers étaient inondés. Les habitants, refugiés sur les hauteurs, ne communiquaient plus qu'en bateau avec leurs maisons envahies. Trois d'entre eux, qui étaient allés ainsi voir les ravages de l'inondation, remontent dans leur batelet, et du pied le poussent au large. Ils n'avaient ni croc, ni rames. Ils s'en aperçoivent quand il n'est plus

[1] L'Académie décerne à Jean Thial un prix de 2.000 francs.

temps. Le fleuve les emporte ; le pont est devant eux, dont les arches, pour la plupart, sont déjà cachées sous les eaux ; Ils vont y être brisés. Ils crient au secours. Boisdoux les a entendus. Que fera-t-il ? Ira-t-il chercher son bateau ? Point ! Le temps presse. Il se précipite, il nage, il fera ensuite comme il pourra. Ce qu'il fit, Messieurs, le voici :

Les malheureux allaient toujours ; il était loin. Il les voyait fuir, arriver au pont. Quelles angoisses pour Boisdoux ! Enfin, il a tant peur pour ces trois hommes qui vont périr, il fait de tels efforts qu'il est arrivé. Il a rejoint le bateau. A quoi bon pour un autre que Boisdoux ? Avec ce flot emporté, ce pont qu'on touche sans rame, sans aviron, que peut-il de plus que ces trois hommes qui n'ont rien pu pour eux-mêmes ? Il a, de plus qu'eux, le courage le plus intelligent, celui qui se dévoue. Il y a là une lumière et une force divines. Boisdoux raidit son bras contre le batelet pour l'arrêter, il se saisit de la corde qui pend, lutte contre le flot, et, comme il y faut ses deux bras, tant le flot est terrible, il prend de ses dents la corde qui les doit sauver ; Dieu aidant, il les sauve en effet, à force de courage et de fatigue ; il arrive au rivage épuisé, mais content. Les trois hommes lui ont dû la vie.

Une autre fois, le 7 novembre dernier (1839), le coche d'Auxerre, ce coche antique, qui a eu dans sa carrière vénérable une fortune qu'on ne sait pas beaucoup, celle de mener à Paris, la première fois qu'il y vint, un jeune officier de l'école de Brienne, qu'on appelait Napoléon Bonaparte ; le coche d'Auxerre descendait sur Paris, ne portant pas probablement d'aussi grandes destinées, mais réservé à une grande catastrophe et portant la gloire à Boisdoux. Le flot cette fois encore était rapide. Le coche va droit au pont, manque l'arche. Un grand cri se fait entendre. Il était brisé, englouti. Boisdoux a tout vu, tout entendu ; il s'est élancé, il court, jette sa veste; car, a-t-il dit dans son interrogatoire, *je pensais bien qu'il y aurait de la besogne pour moi.* Il y en avait, en effet, Messieurs. Le coche portait vingt-trois passagers. Ils étaient presque tous dans la salle commune. Le navire est englouti, sauf l'arrière, qu'on voit encore à fleur de l'eau.

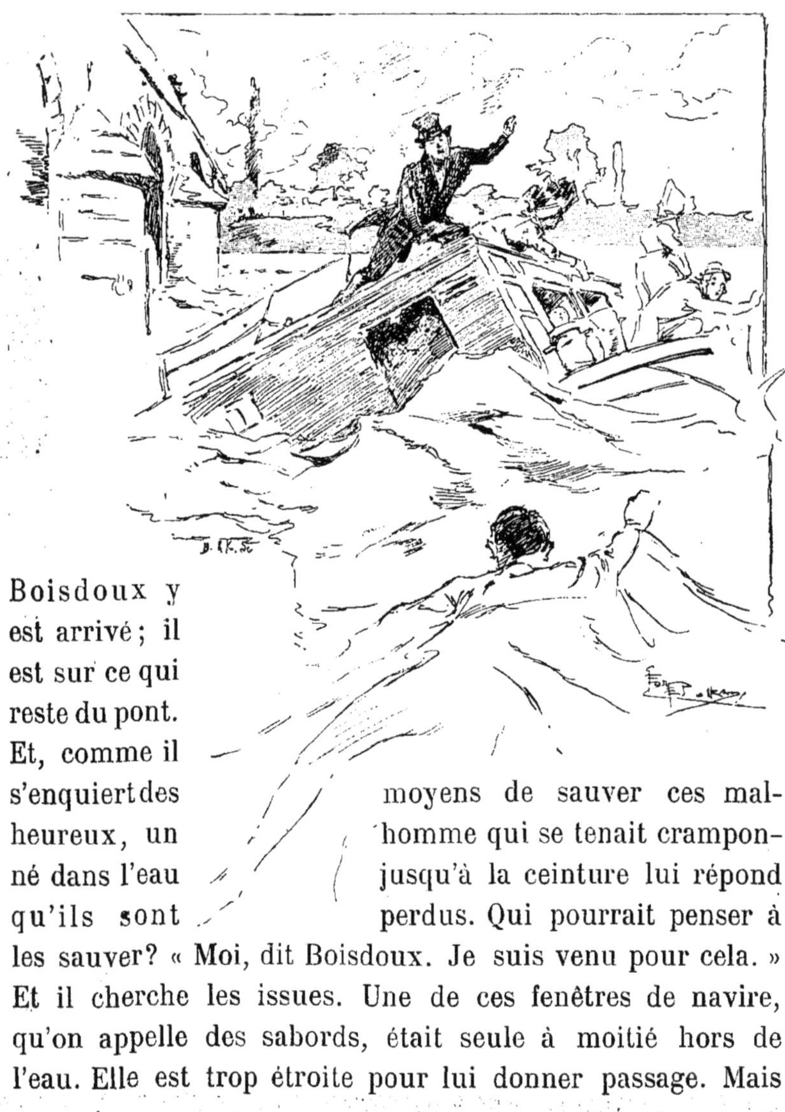

Boisdoux y est arrivé; il est sur ce qui reste du pont. Et, comme il s'enquiert des moyens de sauver ces malheureux, un homme qui se tenait cramponné dans l'eau jusqu'à la ceinture lui répond qu'ils sont perdus. Qui pourrait penser à les sauver? « Moi, dit Boisdoux. Je suis venu pour cela. » Et il cherche les issues. Une de ces fenêtres de navire, qu'on appelle des sabords, était seule à moitié hors de l'eau. Elle est trop étroite pour lui donner passage. Mais tout autre moyen est impossible. Il y passera. Vous l'auriez vu faire effort pour forcer l'entrée du sabord, pour plonger dans ce gouffre où ces infortunés luttent contre la mort, comme d'autres eussent fait pour en sortir. Enfin il entre, il est dans cet abîme. Il saisit une des victimes, une jeune fille, l'amène au sabord, la fait passer, respire, et se replonge dans le gouffre : il ramène un jeune homme encore vivant, puis encore une jeune fille, puis une autre; celle-ci ne vivait plus. Le temps s'écoulait dans cette lutte héroïque. La mort, malgré tout, allait plus vite que Boisdoux. Cependant il recommence, mais c'est en vain. Il n'y avait plus là d'être vivant que lui. Il faut qu'il se contente de ces trois vies qu'il a sauvées, de ces deux jeunes filles, de ce jeune homme, qui n'ont revu que grâce à lui la clarté du jour.

Enfin il se décide à revenir à la lumière, à sortir de l'eau, des ténèbres, de ce tombeau si rempli. Il était épuisé de fatigue, il fallut qu'on vînt à son aide, qu'on le tirât avec effort de ce sabord qu'il avait franchi tout seul, quand il avait fallu se dévouer, devant lequel il faiblissait quand il n'avait plus qu'à se sauver lui-même.

L'Académie décerne à cet honnête homme un prix de 4.000 francs.

* * *

A onze ans, en 1859, le jeune Faivre accomplit son premier sauvetage à l'écluse de la Monnaie; il retire de l'eau un jeune homme de dix-sept ans, qui voulait se noyer. En 1863, il sauve des enfants qui, en jouant dans une barque, étaient tombés à l'eau, et une femme qui, poussée par la misère, voulait se suicider. Il était alors élève du collège Chaptal, et c'est à la distribution des prix de son collège qu'il reçut la médaille de sauvetage que le ministre de l'Intérieur lui décerna à cette occasion. Quel tapage ont fait ses petits camarades! Ils ne ménagèrent pas sa modestie et l'assourdirent de leurs applaudissements. Ils étaient tous aussi fiers que s'ils avaient sauvé eux-mêmes des enfants et des femmes, et les mamans qui traversèrent les ponts en ramenant chez elles les petits Chaptal, après la distribution des prix, leur tinrent solidement la main pour qu'ils ne se jetassent pas à l'eau, en passant, à l'instar de leur ami Faivre.

Pendant le siège de Paris, le courageux Faivre continua à se dévouer et fut assez heureux pour rendre sur la rivière les plus grands services à nos défenseurs. Aussi reçut-il, dans l'année terrible, la plus belle des médailles qu'il ait jamais gagnée : la médaille militaire.

*
* *

Parlerons-nous, pour finir, de Louis Pemmejean, ancien soldat au 18e de ligne. Un soir, il voit, au bord du canal Saint-Martin, une femme, une mère, errer avec ses deux filles en bas âge, d'un air inquiet et agité. Elle s'arrête tout à coup, pousse une de ses filles dans l'eau, puis l'autre, et s'élance elle-même. Pemmejean, malgré sa femme qui le retient, s'est élancé avant elle. Il plonge et ramène une des jeunes filles ; il plonge de nouveau et ressaisit l'autre ; enfin il retrouve la mère, et, pour réconcilier la malheureuse avec la vie, il lui remet le salaire auquel il a droit pour l'avoir sauvée[1].

[1] L'Académie décerne à Pemmejean (1840) un prix de 2.500 francs.

*
* *

Sous le titre de marins d'eau douce, nous avons compris, ainsi qu'on le voit, non seulement ceux dont la profession est de naviguer sur les rivières et canaux intérieurs, mais, dans un sens plus large, ceux qui ont risqué leur vie pour sauver leurs concitoyens en danger de périr dans ces mêmes canaux ou rivières.

C'est à ce titre que nous allons citer l'exemple de Sébastien Basque.

Sébastien Basque est le fils d'un pauvre tailleur d'Avignon, qui, venant à mourir en 1837, le laissa, à l'âge de seize ans, sans ressources avec sa mère et cinq autres enfants plus jeunes que lui, dont il devait être désormais le seul soutien[1]. Se considérant comme le père de cette nombreuse famille, il se dévoua tout entier à une tâche qui semblait tellement au-dessus de ses forces. Les journées de travail ne suffisant pas pour assurer du pain à tous, il y ajoutait les nuits. A force de labeurs et de privations, il parvint à nourrir, à élever ses frères et ses sœurs ; il s'attacha aussi à leur inspirer les sentiments et les vertus qui pouvaient les soutenir dans leur humble existence et les aider à en surmonter les difficultés. Mais cette existence ne devait pas se prolonger beaucoup ; en 1866, tous avaient cessé de vivre, plusieurs après de longues maladies dont Sébastien Basque avait supporté tous les frais. Ce qui rend cette conduite plus digne d'admiration, c'est qu'il était marié, depuis 1845, à une femme qui ne lui avait apporté que bien peu de ressources ; c'est qu'elle lui avait donné cinq enfants qui, comme vous pouvez le croire, n'ont pas été de sa part l'objet de soins moins tendres et moins dévoués que ses enfants d'adoption. Constamment

[1] De Viel-Castel, *Discours sur les prix de vertu*, novembre 1875.

réduit à un état de gêne, il trouvait pourtant les moyens de subvenir aux dépenses que nécessitait leur instruction.

Tout cela est bien beau, sans doute ; cela ne dépasse pourtant pas le cercle des devoirs de la famille, entendus, il est vrai, dans le sens le plus large, j'ai presque dit le plus héroïque.

Mais Sébastien Basque s'est acquis bien d'autres titres à la reconnaissance et à l'admiration publique. Doué d'une force physique, d'une agilité sans égales, il en a tiré parti pour sauver, au péril de ses jours, l'existence d'un grand nombre de ses semblables.

A Avignon, en 1833, s'élançant dans le Rhône, où un homme était sur le point de se noyer, il parvint à le retirer des flots. Dans la même ville, pendant les inondations de 1840, il sauva un prêtre au moment où le bateau dans lequel il passait le fleuve venait de chavirer. Quatre ans après, toujours à Avignon, un incendie s'étant déclaré dans une maison, il y pénétra en escaladant une fenêtre du premier étage, se précipita au milieu des flammes et arracha deux enfants à une mort qui semblait certaine. Il reçut pour cet acte une médaille d'honneur. En 1848, dans un autre incendie, traversant une cour en feu, il sauva encore une femme avec un enfant de six mois.

En 1856, une diligence, dans laquelle il se trouvait, fut surprise par le violent débordement d'un cours d'eau. Déjà l'eau pénétrait dans la voiture, les chevaux épouvantés s'étaient arrêtés, les voyageurs éperdus appelaient au secours, le conducteur ne savait que faire. Basque, se jetant au-devant des chevaux, les saisit par les rênes et, bien qu'il eût de l'eau jusqu'aux aisselles, il réussit, après une lutte désespérée, à les faire reculer, de sorte que la diligence put retourner à Bessèges, d'où elle était partie. Les huit voyageurs et le conducteur lui-même le proclamèrent leur sauveur et, sur leur témoignage, on lui conféra encore une médaille d'honneur.

... Bien qu'il eut de l'eau jusqu'aux aisselles, il réussit a faire reculer les chevaux... (Page 176.)

Quelques années après, à Nîmes, un cheval attelé à un tilbury prit le mors aux dents. Le frêle véhicule allait se briser contre la devanture d'un magasin. L'homme qui le conduisait poussait des cris de détresse. Basque saisit vigoureusement une des rênes, le cheval s'abattit et l'homme fut sauvé.

En 1861, dans une fête donnée aux arènes de Nîmes, un aéronaute s'étant déjà élevé à une grande hauteur attirait les regards de la foule par les exercices qu'il exécutait sur le trapèze suspendu à sa nacelle. Tout à coup le ballon, brusquement dévié, précipita sa chute et s'enflamma en tombant sur un arbre. Heureusement, Basque était là. Franchissant rapidement un mur de clôture, il trouva moyen de dégager le ballon, de prévenir ainsi le plus terrible accident, et on le vit bientôt reparaître, couvert de contusions, les mains et les vêtements brûlés.

Enfin, en 1864, dans la banlieue d'Avignon, entendant les cris d'un enfant qui était tombé dans une mare à fumier, il s'y jeta lui-même et l'en retira vivant.

Dix-neuf personnes lui doivent donc la vie[1].

[1] L'Académie décerne à Sébastien Basque un prix de 2.000 francs.

FRÈRES D'ARMES

Au Salon de 1893, on remarqua fort une toile de Grolleron dont le titre était celui que nous donnons à ce chapitre. Elle représentait un zouave blessé à la tête et portant sur ses épaules un lignard atteint, lui, au pied. Tous deux, estropiés, se rendaient un mutuel service.

Ainsi en va-t-il souvent des bonnes gens dont nous racontons l'héroïque histoire.

Parmi ces êtres capables ainsi de tout sacrifier pour leur prochain, il s'en trouve en effet qui, par surcroît, sont des impotents, des malades, des infirmes ; alors cela devient de leur part, n'est-ce pas ? quelque chose de surhumain, quelque chose d'angélique. Il nous est bien arrivé à tous, au cours de nos existences surmenées, de nos voyages, de nos plaisirs, d'être frôlés plus ou moins légèrement par l'aile brûlante de quelque fièvre qui passait, et chacun de nous se rend compte à peu près de l'abattement qu'une souffrance cause. Eh bien ! il y a sur terre des créatures qui ont souffert toute leur vie, dont l'enfance rachitique a été sans soleil et sans jeux, qui ont tout le temps végété dans des logis sombres, qui ont atteint péniblement la vieillesse sans rencontrer une heure de joie ni de santé, mais dont le courage et le dévouement n'ont, malgré cela, jamais connu de défaillance.

Ainsi cette sainte fille, appelée Eugénie Lucas, infirme, traîneuse de béquilles, à demi percluse à force de douleurs, endurant un continuel martyre, mais, sans se plaindre, travaillant nuit et jour à des ouvrages de couture à peine payés, pour faire vivre son vieux père, sa vieille mère aveugle qu'elle adore[1].

Ainsi cette Eugénie Philippart, infirme et contrefaite, élevée par charité jusqu'à quinze ans dans un asile de bonnes Sœurs. Une tante la recueillit à sa sortie de l'hospice et lui apprit son métier de repasseuse. Travaillant toutes deux, elles vécurent d'abord sans trop de misère. Mais bientôt la tante sentit ses yeux s'obscurcir; quelque temps encore, elle put promener son fer sur des surfaces unies, des nappes, des rideaux, que sa nièce étendait sur une table, — et puis il a fallu y renoncer : elle n'y voyait plus. Et voici aujourd'hui vingt ans qu'elle est aveugle, tendrement soignée par sa nièce, qui a refusé de la laisser partir pour l'hôpital. Elle travaille, elle repasse tant qu'elle peut, la pauvre nièce infirme et bossue, et pourtant sa détresse augmente de jour en jour, car décidément ses yeux l'abandonnent ; alors il y a souvent, comme elle dit, des malfaçons dans son ouvrage, et ses pratiques commencent de la quitter. Mais, se privant de tout, même de nourriture, afin de pouvoir dorloter encore la vieille tante aveugle, elle ne cesse de lui faire, d'un ton enjoué, d'innocentes et pieuses petites histoires, pour lui donner à entendre que l'ouvrage va bien, que les demandes affluent et que l'aisance est au logis.

[1] Pierre Loti, *Discours sur les prix de vertu*, novembre 1898.

*
* *

Il semble que la nature ait voulu faire un prodige de monstruosité, et la charité un prodige d'héroïsme en la personne de Marie-Claire Laxenaire, de Saint-Michel-sur-Meurthe (Vosges)[1].

Aînée de cinq enfants, elle a vu ses frères et ses sœurs quitter la maison les uns après les autres pour s'établir. La mère était morte; Marie-Claire est restée seule avec son père, ancien bûcheron des Vosges, âgé aujourd'hui de quatre-vingt-cinq ans. Quels prodiges de courage et d'habileté a dû déployer la vaillante fille pour faire vivre le vieillard! Vous en jugerez par les détails suivants: Marie-Claire est estropiée de naissance et n'a pas de mains. La droite est remplacée par deux doigts soudés ensemble qui prennent naissance au poignet. Le membre gauche est plus maltraité. Il est privé d'avant-bras, et le coude se termine par un doigt unique. En outre, des infirmités prématurées, provenant tout à la fois d'une constitution débile et de continuelles privations, rendaient le travail plus difficile à Marie-Claire. Cependant c'est elle seule qui, après avoir suffi à tous les détails du ménage, trouve encore le moyen de broder afin de gagner les quelques sous nécessaires à la subsistance quotidienne de deux personnes[2].

*
* *

Nous admirerons autant Marie-Eugénie Coisel, que les habitants de Vimoutier (Orne) où elle vit, plutôt subsiste, connaissent sous le nom de petite Madeleine[3]..

[1] Perraud, *Discours sur les prix de vertu*, novembre 1889.
[2] L'Académie décerne à Claire Laxenaire un prix de 1.500 francs.
[3] Maxime du Camp, *Discours sur les prix de vertu*, novembre 1885.

Ce fut une enfant active, qui promettait une jeune fille vigoureuse, une femme apte aux travaux des champs et de la maison. La physiologie, qui est impitoyable, en décida autrement. Vers la fin de sa treizième année, Eugénie Coisel cessa de se mouvoir; frappée d'atrophie aux membres inférieurs, elle devient grabataire; depuis plus de quarante ans elle n'a point quitté son lit. Tout le jour elle brode; tâche délicate, maigre rémunération; elle en vécut cependant, et elle en fit vivre sa mère infirme qu'elle garda près d'elle et qu'elle a nourrie en travaillant sans relâche. La mère mourut; Eugénie Coisel appela une tante octogénaire, pauvre, malade, lui donna la place maternelle et broda avec plus d'énergie que jamais afin de subvenir aux exigences de deux infirmités. A force de privations et d'économie, on était parvenu, en entassant les centimes sur les centimes, à épargner 2.000 francs qui représentaient des millions de points d'aiguille et promettaient quelque repos pour les derniers jours de la vieillesse. On avait toute confiance dans un homme d'affaires du pays; on déposa entre ses mains le pauvre pécule si péniblement amassé; le petit trésor disparut avec l'homme, qui prit la fuite.

La main de la brodeuse ne s'est point arrêtée; mais elle est moins agile, car la vue s'affaiblit sous la fatigue d'un travail sans merci[1].

*
* *

Nous trouvons un exemple de dévouement charitable dans une jeune fille qui, frappée de cécité dès son jeune âge, a soigné avec une constance sans égale une vieille femme aveugle comme elle[2].

[1] L'Académie donna à la petite Madeleine une médaille de 500 francs.

[2] Léon Say, *Discours sur les prix de vertu*, novembre 1890.

La vieille femme habitait le hameau des Croix, dans l'arrondissement de Rambouillet. Elle y est morte il y a quinze mois, à l'âge de quatre-vingt-dix ans, très sourde et sans famille. Les habitants des environs payaient le loyer de sa petite chambre et lui envoyaient du pain, du bois, du cidre, quelquefois un pot-au-feu. Elle vivait de charité dans l'isolement, et son isolement devint encore plus profond quand elle perdit la vue.

Il y avait, dans le même hameau, une jeune fille âgée aujourd'hui de vingt ans et qui, tout enfant, était devenue aveugle, et n'a jamais recouvré la vue. La petite aveugle, fille d'un brave artisan dont la famille était nombreuse, en apprit assez pour surveiller ses frères et sœurs plus jeunes qu'elle. Elle tricotait les bas et faisait le ménage. Mais les soins multipliés qu'elle donnait à sa famille ne suffisaient ni à son activité ni à son désir de faire du bien. Elle aimait la vieille aveugle abandonnée, lui tenait compagnie, la soignait avec une tendresse filiale, intéressait à son sort les riches voisins des villages et des châteaux environnants et embellissait par sa joyeuse humeur la nuit perpétuelle dans laquelle elles vivaient toutes deux.

Pauvres malheureuses qui, dans la charmante vallée au fond de laquelle était caché leur hameau, ne pouvaient ni à l'aube du printemps, ni au crépuscule des automnes, prendre leur part de ces joies si tendres et si pures qui s'échappaient en couleurs resplendissantes ou en nuées pâles des bois et des prés autour de leur enclos :

> Oh ! que je voie au loin la fumée à longs flots
> S'élever de ce toit au bord de cet enclos.

L'aveugle infortunée craignait que son ange protecteur ne se fatiguât à faire son petit ménage après avoir tant travaillé pour sa famille. « Ma petite Marie, ne m'abandonne pas, lui disait-elle, mais ne te fatigue pas de revenir, tu sais bien que je n'ai que toi au monde. »

La pauvre vieille n'est plus et, en souvenir d'elle, nous avons décerné à la jeune Marie Renaud un des prix Montyon.

*
* *

Quelle délicatesse encore dans la pauvre aveugle-née, du Château-d'Oléron (Charente-Inférieure), Léonore Papin.

Elle gardait, à la fois, sa mère impotente et son beau-père hémiplégique, allant de l'un à l'autre lit, sans relâche. Sa mère est morte, il ne lui reste plus qu'un malade, mais elle soigne pour deux. Et avec quels soins adroits ! elle qui est aveugle, et fatigants ! elle qui est valétudinaire. Elle raffine sur ses devoirs, elle y met une sorte de poésie obscure qui est en elle. Elle couvre la cheminée de fleurs pour réjouir les yeux de son malade, et souvent le médecin qui auscultait celui-ci a trouvé, en le soulevant, le dessous de l'oreiller jonché de roses[1] !

*
* *

Il ne sera pas dit qu'il manquera un sujet à notre collection d'estropiés charitables.

Sourde-muette de naissance, Marie-Pauline Larrouy fut élevée à l'Institution nationale des Sourds-Muets de Bordeaux[2]. Pénétrée de reconnaissance pour une éducation qui lui permettait de ne pas vivre tout à fait séquestrée de la société et lui rendait en partie ce que lui avait refusé la nature, elle résolut de se dévouer à en répandre le bienfait. Le hasard l'ayant amenée à Oloron, petite ville des Basses-

[1] Léonore Papin se vit décerner un prix de 1.500 francs.

[2] Gaston Boissier, *Discours sur les prix de vertu*, novembre 1887.

Pyrénées, elle prit d'abord une sourde-muette avec elle, puis une seconde, et accueillit enfin toutes celles qui se présentaient. Presque toutes étaient pauvres ; de son côté, elle n'avait aucune fortune personnelle, et, par conséquent, aucun moyen de les élever et de les nourrir.

Si nous raisonnons d'après les calculs de la sagesse humaine, assurément elle eut tort de plus entreprendre qu'elle ne pouvait faire ; mais quand on a goûté une fois la satisfaction secrète du bien accompli, on en devient insatiable. Bientôt la passion s'en mêle, la vertu a ses entraînements comme le vice : elle veut faire des coups de tête, des folies de charité. Quand Mlle Larrouy s'aperçut qu'elle avait épuisé toutes ses ressources, elle n'eut pas un moment la pensée de renvoyer les enfants qu'elle avait recueillis. Il fallait pourtant les empêcher de mourir de faim : elle se décida pour eux à mendier. Mendier, quand on est sourde-muette, demander l'aumône à des gens auxquels on ne peut pas parler et qu'on ne peut pas entendre, ce n'est pas facile. Songez, de plus, qu'on n'est pas riche à Oloron, et que les personnes auxquelles s'adressait Mlle Larrouy avaient elles-mêmes grand'peine à vivre. Pourtant elle ne se découragea pas. Pendant trois ans elle tendit la main de village en village, de maison en maison.

« C'était, nous dit le rapport qui nous a été envoyé, c'était l'image de la misère, frappant à la porte de la pauvreté. »

Quel malheur, Messieurs, que la pauvreté ne soit pas un peu plus riche ! Elle est, en général, bien charitable; personne ne donne de meilleur cœur que ceux qui n'ont presque rien à donner. Mlle Larrouy ne s'en allait jamais les mains vides ; elle prenait tout ce qu'on lui offrait, de vieux vêtements, des vivres en nature, et jusqu'à un morceau de pain noir. Ces temps pénibles sont passés, Dieu merci ! Le département, la commune ont pris sous leur protection l'école de Mlle Larrouy. Ne croyez pas pourtant qu'elle soit riche. Le maire de la petite ville nous donne le budget de l'établissement. Il est en équilibre, mais au prix de quelles économies et de quelles privations!

L'école, maîtresse et élèves, se compose de dix-neuf personnes qui ont pour vivre un peu moins de 12 fr. 50 par mois chacune. A Paris, nous trouverions que ce n'est guère; à Oloron, on s'en contente[1].

*
* *

Terminons par un tableau que l'on croirait emprunté à une légende du moyen âge. Nous le devons à la plume d'un maître du théâtre[2].

A Versailles, dans l'avenue de Saint-Cloud, n° 6, on voit une petite maison bien simple, bien propre et surtout bien tranquille. Le dernier étage ne compte que deux locataires. Madeleine Dubois, la plus jeune des deux, a quatre-vingts ans. Elle ne travaille plus, mais elle fut autrefois une bonne ouvrière, et elle a amassé une petite somme qui, placée en viager, lui assure un revenu d'à peu près cinq sous par jour. C'est peu pour tenir son ménage; mais sa sœur aînée, Delphine Dubois, qui a quatre-vingt-un ans, est, grâce au ciel, bien plus riche qu'elle, riche du double; elle a par jour dix sous de rente, placés de même en viager. Les deux sœurs ont réuni leur fortune et leur existence, comme leurs souvenirs et leurs peines... Que dis-je? des peines, elles n'en ont plus... Seule on est pauvre, mais à deux, quelle différence! Chacune d'elles a une garde-malade, une servante dont la seule occupation est de soigner et d'aimer sa maîtresse, qui le lui rend

[1] Une médaille de 1.000 francs fut décernée à Mlle Larrouy.
[2] Scribe, *Discours sur les prix de vertu*, août 1844.

bien. Enfin, et dans un autre genre d'affection, c'est le ménage de Philémon et Baucis !... Mais quelque parfaite qu'on soit, on n'a pas toutes les vertus : Madeleine, la sœur cadette, aimerait volontiers le luxe et la dépense. Delphine est plus raisonnable ; c'est tout simple, elle est l'aînée. Mais, malgré l'économie sévère qu'elle apporte dans le ménage, la vie est chère à Versailles... Les étrangers y abondent, et les deux sœurs se plaignent du tort que cela fait aux rentiers ! Elles voient avec effroi le désordre se mettre dans leur fortune et, avec le désordre, la détresse arriver.

Par bonheur le ciel avait placé près de nos octogénaires, et dans la même maison, une protectrice, un ange gardien, Catherine Chasseraie, veuve sans enfants et maîtresse de son bien. Or Catherine Chasseraie est à elle seule bien plus riche que nos deux sœurs réunies, car elle jouit d'un revenu perpétuel d'environ trente sous par jour. Mais que faire de la fortune, si on ne l'emploie en bonnes œuvres ?... Catherine, qui a vingt-cinq ans de moins que ses voisines, se dévoue tout entière à ces deux pauvres femmes qu'elle aime, parce qu'elles sont bonnes et aimantes ; qu'elle respecte, parce qu'elles sont vieilles, et qu'elle traitera désormais comme ses parentes, parce que, pour Catherine, l'âge et le malheur sont une parenté.

Depuis ce jour, et il y a de cela neuf années, Catherine s'est privée de viande et de vin pour en donner à ses deux filles d'adoption, qui ont aujourd'hui l'une quatre-vingt-neuf ans et l'autre quatre-vingt-dix. Elles sont presque tombées en enfance ; mais, comme aux jours de leur enfance, elles ont une mère qui veille sur elles, qui, aux dépens de son bien-être, les soigne, les nourrit, les entoure d'une exquise propreté et d'un confortable jusqu'alors inconnu... Et cependant l'aînée des deux sœurs est parfois triste et pensive ; parfois l'inquiétude vient sillonner son front d'une ride de plus. La vieillesse est prévoyante, et la pauvre femme, dont les dix sous de rente sont placés en viager, craint pour l'avenir de sa sœur cadette. « Si je mourais, dit-elle de temps en temps à Catherine, j'emporterais avec moi tout mon bien; je ne pourrais pas le laisser à ma sœur. Que deviendrait-elle alors?... » Et Catherine se hâte de calmer ses alarmes, en lui disant avec confiance : « Soyez tranquille, mon enfant, je ne l'abandonnerai jamais... car je suis riche! oui, riche!... »

La pauvre femme!... riche de ses privations... Et c'est pour venir en aide à son opulence que l'Académie décerne à Catherine Chasseraie un prix de 500 francs! Quant à l'embarras que pourront lui causer ces capitaux inattendus, nous nous en sommes peu inquiétés; nous connaissons la manière dont elle place son argent.

*
* *

Et nous ne pourrons, après avoir lu ces traits édifiants, nous empêcher d'admettre la vérité de ces paroles du philosophe Caro :

Tout, absolument tout, est gratuit et méritoire chez le pauvre, dès le premier mouvement du cœur, dès la première émotion où commence l'acte vertueux. Il est si beau de donner quand on n'a rien ou presque rien! Il est si beau d'être sensible à la souffrance des autres quand on souffre tant soi-même!

Je connais quelques-unes de ces personnes qui fréquentent les quartiers pauvres et qu'on pourrait appeler les pionniers de la misère; elles reviennent édifiées de ce qu'elles y aperçoivent. Au milieu de ces dédales de rues infectes où le soleil ne pénètre pas, au fond de ces logis sordides, voués à une sorte de nuit épaisse, elles ont vu briller des lueurs d'une charité surhumaine. Elles ont vu des pères et des mères de famille très pauvres adoptant, comme si c'était la chose la plus simple, les enfants orphelins d'une famille qui vient de disparaître. Elles ont vu l'indigent lui-même prélever sur son dénuement de quoi venir en aide à une détresse plus grande, partager avec des étrangers le morceau de pain si durement gagné, donner son temps, qui est son unique richesse, pour veiller un voisin malade, tout cela sans compter, sans prévoir, tout cela en s'étonnant même que l'on s'en étonne.

Et de même qu'il n'y a presque pas de misère morale si déshéritée qu'il ne puisse encore y apparaître à certains moments quelque inspiration, quelque chance de relèvement, pas d'âme si obscure d'où il ne puisse jaillir un rayon, si l'on sait manier cette âme d'une main délicate, de même il n'y a pas de misère physique si grande où ne se révèle quelque trait d'audacieuse bonté. Singulier être que l'homme! C'est avec lui qu'il faut toujours s'attendre à de l'imprévu. Il ne faut jamais désespérer de lui ni de son cœur. Il semble que, dans le limon dont il est fait, la main mystérieuse qui l'a pétri ait laissé tomber quelque semence divine qui germe longtemps en silence, et qui tout d'un coup, même si on la croit depuis longtemps étouffée et morte, éclate en moisson inattendue.

L'ENFANCE COURAGEUSE

On a peut-être un peu trop abusé de ces vers fameux de Corneille :

> Je suis jeune, il est vrai, mais, aux âmes bien nées,
> La valeur n'attend pas le nombre des années.

On n'a pas suffisamment prêté attention à leur application fréquente dans la réalité de la vie.

Beaucoup de ces bonnes gens, en effet, dont nous racontons brièvement l'histoire en ce livre, ont commencé dès leur jeune jeune âge le cours de leurs courageux exploits. Enfants, ils étaient déjà des héros, prêts à se dévouer à leurs semblables, et le faisant sans compter, dès que l'occasion se présentait.

Devant nous quelques-uns vont défiler, avec leurs actes de courage brillants ou de vertu constante aussi variés qu'étonnants.

*
* *

Les époux Leclerc, de Blaringhen (Nord), travaillaient aux champs et avaient laissé leurs trois enfants au logis. Une fillette de treize ans, nommée Juliette, venait de rallumer le poêle, lorsqu'elle s'aperçut que la toiture de la chaumière était en flammes. Elle se précipite dehors et appela au secours, suivie de son jeune frère nommé Prosper, âgé de six ans.

Le gamin, songeant à sa petite sœur restée dans son berceau, retourne précipitamment à la maison en feu. La fumée qui remplit le pauvre logis et les flammes qui crépitent n'arrêtent pas le brave enfant, qui court au berceau de sa sœur et veut l'en arracher.

Mais il est trop petit et ne peut l'atteindre. Il grimpe alors sur le lit contre lequel s'appuie le berceau et tente d'enlever le bébé.

Le berceau bascule, et voici les deux pauvres petits roulants au milieu de la chambre. L'intrépide gamin se relève aussitôt, s'empare de sa petite sœur et la traîne, plutôt qu'il ne la porte, dans la rue. Il était temps. Quelques instants plus tard la maisonnette s'effondrait dans les flammes.

Les voisins accourus sont arrivés au moment où le sauvetage était terminé. Ils ont chaudement félicité le sauveteur de six ans, tout étonné d'être regardé comme un héros[1].

*
* *

Augustine Guéno, l'aînée d'une famille d'honnêtes jour-

[1] La *Société d'Encouragement au bien* décerne (1896) une médaille d'honneur et un livret de Caisse d'épargne de 100 francs au jeune Prosper Leclerc.

naliers, composée de huit enfants vivant à peine, a huit ans[1]. A cet âge, où l'on a tant besoin soi-même de protection, elle a arraché à la mort un petit frère avec une intrépidité presque surhumaine, qui nous a émus d'étonnement et d'admiration.

La mère était allée à la fontaine, laissant les enfants seuls. Tout à coup Augustine entend un cri perçant : elle court et aperçoit son frère, âgé de quatre ans, en train de disparaître dans un puits à sec, profond de sept mètres. Quoique frêle et mignonne, sans délibérer, elle se précipite dans le puits, se laisse glisser jusqu'au fond, y saisit le pauvre petit ensanglanté et, s'accrochant aux parois par le bras demeuré libre et par les pieds, elle le rapporte en haut, le dépose sur le lit et s'évanouit. Les deux enfants ont survécu. « Bien sûr, ont dit depuis les bonnes têtes du village, que la Sainte Vierge est venue les prendre dans ses bras ; sans cela ils y seraient restés tous les deux. »

En mettant la petite Augustine de pair, par ce fait unique, avec celles qui ont passé par tant d'épreuves, nous la vouons au bien, nous voudrions pouvoir dire aussi : au bonheur.

*
* *

Un bûcheron de Saint-Aignan, nommé Grillot, occupait avec sa famille, dans la forêt de Montrichard, une hutte construite en bois et en terre. Un soir d'hiver, en 1893, pendant son absence, la hutte s'effondra sur sa femme, son fils Édouard, âgé de sept ans, sa fille Édith, âgée de quatre ans, et un enfant de deux ans.

Le petit Édouard s'échappe malgré le feu, par la cheminée à demi écroulée, rentre par la porte, à la recherche de sa

[1] Émile Ollivier, *Discours sur les prix de vertu*, novembre 1892.

mère, et dans l'obscurité, — il était six heures du soir, — fouille et gratte la terre de ses petites mains pour la retrouver, guidé par les plaintes de la malheureuse femme.

— Par ici, j'étouffe, j'étouffe, je vais mourir...

— Maman, maman, criait le courageux enfant, non, tu ne mourras pas! Me voilà! Me voilà!

Il redouble d'ardeur, dégage la figure, une main, puis l'autre, ce qui permet à la mère de se délivrer tout à fait, de retirer sa fille Édith, étendue sur le dos dans le brasier et de lui arracher des lambeaux de vêtements enflammés.

En même temps, le petit Édouard, tout en jetant des poignées de terre sur le foyer, appelle de toutes ses forces à son secours : « Papa! papa! »

Ses cris sont enfin entendus. Son père, puis des voisins, accourent et, arrachant des décombres les trois victimes, achèvent l'œuvre de sauvetage commencée par cet enfant de sept ans!

Le pauvre bûcheron, désespéré, chargea sa femme et ses enfants sur une petite charrette à bras et les conduisit à l'hospice de Montrichard, où ils arrivèrent transis, à neuf heures du soir.

Ils furent l'objet, de la part du médecin et des Sœurs, des soins empressés que nécessitait leur état.

La petite Édith, âgée de quatre ans, dont le dos était

— Maman, maman, non, tu ne mourras pas ! me voila ! me voila ! (Page 196.)

profondément brûlé, est morte après trente heures d'horribles souffrances.

Le jour de l'enterrement de sa fille, les fagoteurs de la forêt ont reconstruit la hutte de Grillot[1].

*
* *

Faut-il faire mention du jeune René Hamon, âgé de dix ans, demeurant à Joinville?

Le 11 mai 1899, vers six heures du soir, cinq jeunes gens descendaient la Marne dans une embarcation; à la hauteur de l'établissement connu sous le nom de « la Péniche », à Joinville, ils se livrèrent à des excentricités qui eurent pour résultat de faire chavirer leur bateau.

Le jeune Hamon se trouvait non loin de là, à bord d'un bateau de pêche, appartenant à son père; quoique seul, ce jeune enfant, n'écoutant que son courage, se porta immédiatement au secours des imprudents, et, ramant avec énergie, put atteindre les naufragés, qu'il hissa tous sur son bateau[2].

*
* *

Joseph Serres habite Guinont, dans le Gers. Il avait douze ans à peine quand, le 2 mai 1839, il entendit au dehors un bruit insolite[3].

Deux enfants de quatre ans jouaient ensemble sur la place publique, exposés à tous les périls, comme il arrive partout où la maternelle institution des salles d'asile ne veille pas

[1] La *Société d'Encouragement au bien* décerne au courageux sauveteur de sept ans, indépendamment des 100 francs qui lui sont généreusement offerts, l'un de ses plus beaux diplômes d'honneur (1894).

[2] Médaille d'honneur et livret de Caisse d'épargne de la *Société d'Encouragement au bien.*

[3] De Salvandy, *Discours sur les prix de vertu*, juin 1840.

sur l'enfance. Ils montent sur le puits de la ville, s'y jouent, s'y précipitent. Tout le monde accourt. Mais que fera-t-on? On délibère, on se lamente. « Nous avions perdu tout sang-froid », disent naïvement les habitants dans leur requête. Le jeune Serres a conservé le sien. Il demande une échelle. Elle est trop courte; on la tiendra. Il descend; elle était trop courte, en effet. Mais l'un des deux enfants est debout, tend les mains, aide à sa propre délivrance. En se penchant, Serres peut le saisir; il remonte péniblement, mais ne faiblit pas, ne se décourage pas et le rend à sa mère. Et le second, il n'a point paru. Il est sous l'eau. Il est perdu. Serres redescend sans que, de tous ces hommes, aucun se soit avisé, du moins, d'avoir une échelle moins périlleuse pour l'intrépide enfant. Cependant il va, il se baisse, il n'arrive point jusqu'à l'eau? Que fera-t-il? Il se suspend, il se tient du pied au dernier échelon, puis il plonge, il cherche avec effort. On tremble pour tous les deux. Un moment, on ne voit plus rien, on le croit perdu. Cependant, il a senti le petit malheureux, il l'a saisi sans connaissance, mort peut-être. N'importe, il le rendra à la lumière. Comment s'y prend-il? il ne le sait pas lui-même. Dans les actions généreuses on a, quand il le faut, une force surhumaine. Enfin il reparaît avec son fardeau. Tous deux sont sauvés, car l'autre enfant peut, à la longue, être rappelé à la vie[1].

*
* *

Demandons à M. de Rémusat le récit d'un acte de courage accompli par une jeune fille de dix-huit ans[2] :

Le 26 septembre (1859), par les marées de l'équinoxe, la mer était haute sur les côtes de Normandie.

[1] J. Serres reçoit de l'Académie un prix de 1.500 francs.

[2] De Rémusat, *Discours sur les prix de vertu*, août 1860.

Au Havre, dans l'enceinte même des bains réservés aux nageurs, un courant violent, chassant vers la Hève, les obligeait à des efforts extraordinaires de résistance et de vigueur. Un d'eux, qui se dirigeait, selon l'usage, vers le radeau qui leur sert de but et de relâche, où venaient d'aborder un très jeune homme et sa sœur, sentit tout à coup ses forces faiblir sous le poids de la vague et vit bientôt le radeau fuir devant ses yeux troublés. Impuissant et brisé, l'instinct même de conservation l'abandonna, et déjà (c'est son récit que nous répétons) les pensées suprêmes de la mort apparaissaient rapides à son esprit, lorsqu'il aperçoit le jeune homme qui vient à lui en nageant. Charles de la Gâtinerie avait vu sa détresse. Il approche, il l'interpelle, n'obtient en réponse que des sons confus, et lui crie qu'il arrive à son secours. Il le joint en effet, il le prend sur ses épaules; mais le fardeau est pesant, la mer est forte, le jeune sauveur n'a que quinze ans. Seul il se dégagerait peut-être, mais tous deux se saisissent et se lâchent tour à tour; tous deux sont près de glisser dans l'abîme. Le plus âgé allait disparaître; tout à coup il sent l'étreinte d'une petite main qui le soulève et le remet un moment à flot. A la vue du péril, Mlle Isabelle de la Gâtinerie s'était jetée intrépidement à la mer. Elle arrive, elle délivre son frère, qui peut nager plus à l'aise, et elle laisse se suspendre à elle celui qui reste à sauver. Elle le soutient en se soutenant elle-même; mais bientôt la force lui manque : « Mon Dieu, s'écrie-t-elle, je ne puis plus ! » A ce moment le malheureux croit mourir et se laisse aller comme un corps inanimé. Mais ses sauveurs ne l'abandonnent pas; la jeune fille, l'énergique jeune fille le retient, le pousse devant elle et, par un dernier effort, donne le temps au bateau de sauvetage de venir enfin à leur secours. C'est elle alors qui, par un coup violent, ramène le mourant à la surface, et, lorsque tous trois se cramponnent convulsivement au bordage, c'est elle encore qui prévient la submersion en se suspendant du côté opposé. Tout le monde enfin est embarqué, excepté elle; mais, quand on veut l'amener à bord, on la trouve évanouie, les mains crispées, et il faut, en la soutenant, la traîner flottante à la remorque du canot qui regagne le rivage. Là enfin on la dépose sans connaissance dans les bras de ses compagnes.

Nous avons lu, écrit de la main de celui qui a été ainsi dérobé à une mort certaine : « Je dois la vie à cette héroïque demoiselle et à son jeune frère; leur courage, leur dévouement, leur persévérance, sont au-dessus de toute expression, et ma reconnaissance ne peut pas non plus s'exprimer par des paroles. »

L'Académie, à son tour, Messieurs, ne veut par aucune parole affaiblir l'intérêt de ce récit. Mlle de la Gâtinerie a dix-huit ans; elle est la fille d'un honorable fonctionnaire, ancien commissaire général de la Marine au Havre. L'Académie a pensé qu'elle ne pouvait lui offrir aucune récompense. Mais elle a chargé son directeur d'exprimer publiquement son admiration pour tant de courage. C'est un hommage qu'il nous est doux de rendre. Mais, si nous ne nous trompons, Mlle de la Gâtinerie s'étonnera qu'on célèbre ainsi le souvenir d'un jour qu'elle ne se rappelle que comme un des plus heureux de sa vie. Pour certaines âmes, ce que nous nommons héroïsme ne semble que du bonheur.

*
* *

Voici maintenant un acte héroïque qui n'est pas seulement la preuve d'un courage presque surhumain, mais encore d'une intelligence hors ligne et d'un sang-froid remarquable.

Au mois de décembre 1856, les pilotes du port d'Agde

aperçurent en mer, vers le déclin du jour, un navire d'environ cent tonneaux, la goëlette *la Reprise*, qui faisait voile vers le port [1]. La mâture semblait en désordre, et les flancs du navire portaient la trace d'un choc violent d'un récent abordage. Quand les pilotes approchèrent, ils virent avec étonnement que le bâtiment marchait tout seul, pour ainsi dire; du moins le pont semblait désert : ni capitaine, ni timonier, ni matelots. On n'apercevait qu'un mousse, allant, venant de tribord à bâbord, passant de la barre aux armures et faisant à lui seul tout le service d'un équipage. Dans un coin du navire, on voyait bien aussi un pauvre homme couché, pâle et tremblant, hors d'état de se tenir debout.

Bientôt *la Reprise* entrait à Agde, et la ville apprenait que, trente-six heures auparavant, la nuit, par une de ces épaisses brumes qui font s'entre-heurter les navires en pleine mer comme les passants dans nos étroites rues, ce petit bâtiment, étant au large, avait subi le choc d'un grand brick de fort tonnage; que le capitaine, épouvanté, croyant sentir couler bas sa goëlette, s'était élancé sur le brick en s'accrochant aux cordages et appelant à lui tout son monde. Deux matelots et deux novices l'avaient aussitôt suivi. Pourquoi ce jeune mousse, de tous le plus agile, n'avait-il pas imité leur

[1] VITET, *Discours sur les prix de vertu*, août 1857.

exemple? C'est qu'il y avait à bord un malheureux incapable de se sauver. Perret, c'était le nom du mousse, s'était senti saisi de compassion; la vue de ce malade l'avait comme enchaîné et rendu immobile. L'enlever dans ses bras, il n'en a pas la force; l'abandonner, le laisser mourir seul, c'est pour lui plus impossible encore : il reste donc.

Dans le premier moment, il en a fait l'aveu, lorsque les deux navires se séparèrent après un craquement effroyable, quelques larmes lui échappèrent; il se crut à son dernier jour et recommanda son âme à Dieu; mais, au bout de quelques secondes, lorsqu'il vit que le bâtiment, malgré ses avaries, flottait toujours et pouvait naviguer, un courage surnaturel s'empara de ce jeune cœur. La mer était houleuse et le vent fraîchissait : comment ses petits bras suffiront-ils à la manœuvre? Cette réflexion ne lui vient pas; il dispose les voiles, s'élance au gouvernail. Son pauvre compagnon ne peut lui prêter secours; mais il est vieux marin : Perret l'écoute, le consulte, se laisse guider par lui. Soumis et confiant, ses yeux brillent d'espoir; il reverra sa mère, sauvera son camarade, sauvera son navire. Cette pensée double ses forces et, d'un enfant de treize ans, fait un matelot consommé.

Je ne m'étendrai pas sur les péripéties de cette navigation. Le jour fut bien long à venir! Le vent poussait à la côte d'Espagne; il fallait résister pour s'écarter le moins possible du lieu témoin de l'abordage, seule chance de recevoir du secours. Ce brick, auteur du mal, voudrait peut-être le réparer! Il reviendrait au jour naissant; on se mettrait à sa remorque : voilà ce qu'on espérait à bord de *la Reprise*. Mais l'attente fut vaine. La journée se passa, le brick ne vint pas. Il continuait paisiblement sa route et rentrait vers le soir à Marseille. Cependant la nuit tomba, et les fatigues redoublèrent. Le lendemain, trois bâtiments parurent à l'horizon; aucun d'eux ne voulut comprendre les signaux du petit navire.

Par bonheur le ciel fut plus clément : le vent tourna, souffla du sud. En manœuvrant avec prestesse, on pouvait être avant la nuit en vue d'un port de France. Dans de pareils moments, l'équipage le plus complet n'est que tout juste assez nombreux. Perret est seul, mais il se multiplie; il court de vergue en vergue : toutes ses voiles, même les plus hautes, se développent coup sur coup, se gonflent sous la brise et poussent le navire comme par enchantement. Il était temps : l'effort était suprême; notre navigateur était à bout de forces. A le voir, on ne le croirait pas. Il est radieux, il aperçoit la terre, qui peu à peu sort des eaux et grandit devant lui.

Voilà, Messieurs, ce que vous saviez tous, un fait de mer aussi extraordinaire ne pouvant demeurer inconnu; mais savez-vous aussi en quels termes modestes, énergiques et simples, ce brave enfant, une fois à terre, raconta ce qu'il avait accompli? Capitaine par intérim, il devait faire devant le tribunal de commerce son rapport de relâche. Dans ce rapport, qu'il faudrait mettre tout entier sous vos yeux, pas un mot de reproche à ceux qui l'ont abandonné; tout l'honneur de sa belle conduite attribué aux conseils de son vieux compagnon; à chaque mot, on sent une âme aussi honnête que forte, un cœur aussi chaud que sincère. Après cette lecture, on ne s'étonne pas d'apprendre que, depuis deux ans qu'il navigue pour le commerce, Perret n'a rien gardé pour lui du produit de ses salaires, qu'il a tout envoyé à Quiberon, dans la pauvre cabane où sa mère, à grand'peine, élève trois autres enfants. Cherchez un bon sentiment qui lui manque : compatissant au malheur, généreux, dévoué, docile à l'expérience, dur à la peine, intelligent et intrépide! La récompense est-elle prématurée, et, sans désobéir à M. de Montyon, auriez-vous pu laisser en dehors du concours tant de bonnes et solides vertus?

LES SŒURS MICHAUD

Nous avons, dans les sœurs Michaud qui végètent au hameau perdu de la Vermanche, dans le département du Cher, un exemple tout à la fois de piété filiale et de solidarité humaine. Aveugles de naissance toutes deux, elles rendent service à leur prochain, et ce prochain n'est autre que leur propre vieille mère, aveugle elle-même et infirme.

L'Académie française les a tout récemment fait participer au prix Montyon, et M. Pierre Loti, dans les quelques lignes suivantes, esquissa leur admirable biographie :

« Sous leur vieux toit de paille, sur leur sol de terre battue, elles ont commencé dès l'enfance à travailler comme deux bienfaisantes petites fées. Pendant que leurs parents labouraient la terre, cultivaient le verger qui les faisait tout juste vivre, elles arrivaient, à force de volonté, à tenir propre le ménage et même à préparer les repas; en ce temps-là, qui fut pour elles le temps prospère de la vie, tout reluisait dans la chaumière; sur les pauvres meubles bien cirés, les moindres objets s'alignaient dans un ordre minutieux.

« Quand les voisins alors s'ébahissaient de voir les choses si bien rangées, les petites filles naïvement répondaient : « Eh! si nous n'avions pas soin de remettre nos affaires aux mêmes places, comment les retrouverions-nous après, puisque nous n'y voyons pas? » La famille ainsi vivait presque heureuse, quand, il y a une dizaine d'années, le père mourut, laissant le verger à l'abandon, laissant la mère épuisée de travail et à demi infirme. A ce moment, on pensa bien faire, à la mairie du plus prochain village, en offrant de placer la veuve dans un hôpital; mais l'idée de se séparer de leur vieille mère jeta les deux sœurs aveugles dans un désespoir affreux : « Plus tard, supplièrent-elles, plus tard, s'il le faut absolument; laissez-nous d'abord essayer de vivre ensemble; *nous ferons tout ce que nous pourrons!* »

« Et, quand je vais dire ce qu'elles ont fait, vous croirez entendre un conte embelli à plaisir.

« Elles ont appris à filer de la laine, et, en prolongeant leurs heures d'études jusqu'au milieu de la nuit, bien entendu sans avoir besoin de lumière, elles sont aussi parvenues à apprendre à coudre, assez bien pour gagner quelque argent avec de l'ouvrage confié par les bonnes âmes d'alentour. Elles ont appris à laver leur linge, s'asseyant au lavoir à côté d'une voisine obligeante qui les avertit si c'est assez propre, ou bien s'il faut frotter un peu plus.

« Dans les commencements elles possédaient une chèvre, dont le laitage composait d'ailleurs, avec du pain, leur seule nourriture, et la vieille maman avait encore la force de la mener paître le long des routes, tout en ramassant du bois mort pour le feu des veillées. Puis la pauvre veuve est devenue en enfance, gardant l'envie de s'en aller comme autrefois sur les chemins, à la grande inquiétude de ses filles qui n'osaient plus perdre le contact de sa robe : « Mon Dieu, disaient-elles, si elle s'égarait, si elle allait choir dans quelque fossé! Comment ferions-nous pour courir à sa recherche, puisque nous n'avons point d'yeux? » Aujourd'hui, cette crainte n'est plus, car la mère est alitée, et elle est devenue aveugle à son tour ! Et les deux sœurs redoublent de tendresse pour celle que jamais elles n'ont vue et qui ne peut plus les voir.

« Elles redoublent de courage aussi, afin de lui procurer tout ce qui peut adoucir son déclin. Elles s'ingénient à la distraire, elles s'évertuent à la tenir bien propre, détail qui me semble adorable, quand il s'agit de la changer de linge, elles font chaque fois pieusement chauffer la pauvre grossière chemise, à la flamme de quelques branches mortes ramassées à tâtons dans les bois. Jamais elles n'ont demandé l'aumône, jamais on n'a entendu sortir de leurs bouches un murmure ni une plainte. Au milieu de leur éternelle nuit, tâtonnant sans cesse et cherchant avec leurs mains, toutes les deux, pour aider cette mère qui tâtonne et cherche aussi dans une obscurité pareille, elles ont une douceur toujours égale et une sorte d'inaltérable contentement[1]. »

Cette situation digne de tout intérêt ne manqua pas d'émouvoir quelques braves gens. L'un d'eux, Me Léon Cléry, le célèbre avocat, proposa, dans une spirituelle épître adressée au *Figaro*, à une dizaine de personnes de souscrire, comme lui, 100 francs de rente en faveur des sœurs Michaud. En vingt-quatre heures, la souscription fut plus que couverte ; le *Figaro* s'était, naturellement, engagé un des premiers.

Un des rédacteurs de ce journal fut chargé de porter aux deux aveugles cette aubaine inattendue.

Laissons-le nous raconter lui-même les simples, mais touchantes péripéties de son voyage.

Il y a des émotions que ne peut décrire aucune parole humaine, et j'ai eu tout à l'heure, au hameau de la Vermanche, l'inoubliable vision d'une de ces émotions-là.

De Lignières, où la patache amène, après deux heures de

[1] Pierre Loti, *Discours sur les prix de vertu*, novembre 1898.

petit trot, le voyageur descendu à la station de Châteauneuf, j'avais voulu courir là-bas, d'abord, frapper à la porte des deux aveugles, et, brusquement, sans témoins, les surprendre dans l'intimité tragique de leur vie.

C'est encore, sous un ciel de pluie, quelques kilomètres de course, à travers la boue des chemins creux, dans le désert des prairies où les haies défeuillées étendent à perte de vue la maussade géométrie de leurs lignes noires.

Personne sur les routes, ni dans les champs. Un cantonnier, rencontré par hasard, et à qui je demande mon chemin, hésite, me montre du doigt, très loin, des sentiers vagues :

— La Vermanche, savez... c'est des endroits où on ne va guère.

Tout de même, à la fin, la cachette se découvre. Un hameau? Pas même. Une sorte de réduit où, dans un pli de terrain, à cent mètres du chemin boueux qui y mène, une dizaine de cahutes couvertes de chaume et comme serrées en tas sont abritées.

Une extraordinaire créature, vêtue de loques, la face ronde et ridée comme une vieille pomme, est là, debout, dans le fumier. Sa figure de bonne sorcière, encadrée de mèches blanches qui s'effilochent comiquement sous le bonnet, sourit à l'étranger.

— La maison des sœurs Michaud?

Elle indique, de la main, sans parler; et derrière la palissade basse qui ferme à demi la porte d'un de ces taudis, une figure de jeune femme est apparue.

C'est Marie-Émilie, la plus jeune des deux. Elle est vêtue d'un corsage d'alpaga d'une extrême propreté; un long tablier bleu est noué autour de sa taille; les cheveux, coiffés avec soin, sont enveloppés d'un bonnet blanc, très propre aussi, qu'un fichu de tricot noir recouvre. Elle a trente ans. Les traits sont délicats, et elle est presque jolie. Les yeux, fixes, sont grands ouverts; une taie blanche masque la pupille de l'œil droit. Elle sourit, de ce demi-sourire hébété et tragique des aveugles, — que les lèvres seules dessinent, et qui s'arrêtent aux yeux.

— Je voudrais causer avec vous, Mademoiselle.

— Entrez, Monsieur.

La chaumière des sœurs Michaud se compose d'une chambre à deux lits et d'un petit grenier où elles logent leurs maigres provisions. Le plafond de ce grenier est pourri par places; les poutres en saillie qui le soutiennent ne semblent pas non plus de bien robuste aplomb; et il y a des trous dans le plancher de terre battue sur laquelle leurs meubles sont posés. Pauvres meubles, aussi : cinq chaises de paille, une table, une commode, une armoire à linge, un buffet tout petit, le poêle et le pétrin. C'est tout. Et l'on dirait qu'il y a du bien-être ici, grâce à l'ordre parfait et à l'état de minutieuse propreté des choses.

L'autre sœur, Marie-Louise, est là aussi. Sa tenue est toute pareille à celle de la cadette, à qui elle ressemble. Mais elle a souffert douze ans de plus (elle a quarante-deux ans), et le sourire de cette face pâle, où s'ouvrent deux yeux morts, à la pupille claire, d'un bleu passé, exprime une mélancolie infinie.

Nous nous sommes assis tous trois autour de la petite table, et je leur demande si les journaux leur ont apporté la bonne nouvelle.

— Oui ben, Monsieur. J'sons heureuses, allez ! C'est un vrai bonheur que le bon Dieu nous a envoyé là...

Et brusquement la plus jeune s'est levée. D'un geste sûr, elle a ouvert la grande armoire et pris sur un paquet de linge le journal qu'elle me tend.

C'est le *Petit Saint-Amandois*, où la dernière séance de l'Académie est racontée.

— Alors vous ne savez rien de plus que cela ?

— J'savons *rin*, mon bon monsieur. Quoi donc qu'y a encore ?

Elles se sont rapprochées de moi, bouche bée, tout émues.

Alors je leur explique qu'un journal de Paris, *le Figaro*, s'est occupé d'elles et leur envoie beaucoup plus d'argent encore qu'elles n'en ont reçu ; qu'au premier don de 500 francs que leur a fait l'Académie des lecteurs de ce journal ont ajouté 1.170 francs, que je leur apporte.

— Comben qu'vous dites ?

— Je dis onze cent soixante-dix francs.

Elles ne savent plus où elles en sont. L'aînée, figée dans une sorte d'extase, a le sourire grave de quelqu'un qui ne comprend pas. La plus jeune m'a pris les mains, qu'elle ne lâche plus. Elle se balance sur sa chaise, en riant, et toutes deux ensemble parlent, parlent, en un patois vague, intarissable...

Et, comme j'ai mis dans leurs mains la petite liasse de billets qui les fait riches, elles tâtent ces papiers...

— C'est y un si petit papier qui peut faire tant d'argent ? dit l'aînée stupéfaite.

Je leur demande à qui je dois remettre cet argent ; et toutes deux, d'un même cri :

— A not' prêtre!

C'est en effet l'abbé Ducroux, desservant de la commune de Saint-Hilaire-sur-Lignières, qui a adressé à l'Académie le touchant rapport sur lequel les sœurs Michaud ont été récompensées; et c'est à lui déjà que le brave maire de Saint-Hilaire, M. Thidet, a confié la somme envoyée par l'Académie.

Et les pauvres filles me disent leur attachement à leur curé. C'est à lui seul qu'elles confieront leur petite fortune; c'est par lui seul qu'elles veulent être guidées.

— C'est entendu, dis-je. L'abbé Ducroux recevra tout à l'heure cet argent... et plus tard, au commencement de l'année prochaine, autre chose encore.

Elles sont restées muettes, sans comprendre.

Je leur raconte alors qu'un certain nombre d'amis de notre journal se sont associés pour assurer leur vie; je leur dis qu'outre ce secours immédiat ces amis ont réuni pour elles 1.600 francs *de rente*.

On a raison de dire que la joie fait peur. L'aînée ne sourit même plus. Elle murmure des mots, en agitant les mains. La cadette, toute frémissante, interroge :

— C'est-y qu'on aurait cet argent-là, et pis encore autant l'année d'après?

— Parfaitement. Et puis l'autre année encore.

Elle réfléchit une seconde, puis, levant les bras, comme effrayée, crie :

— Mais c'est donc l'bon Dieu qu'est chez nous!!!

Et toutes deux se mettent à pleurer.

Puis, brusquement, Marie-Émilie a un mouvement charmant. Elle me demande si j'apporte les journaux qui « racontent tout ça » ? Je les lui fais toucher. Elle me dit :

— Laissez-les à not' prêtre, pour que j'nommions ces personnes-là dans nos prières?

Et alors, plus calmes, elles me content leur vie, avec des détails inouïs que nous ne soupçonnions pas, et que j'ai peine à démêler tout d'abord, dans le désarroi de leur récit. Elles parlent un jargon confus, mêlé de patois berrichon, et répondent *ensemble*, avec une effarante volubilité, aux questions que je leur pose. Quand le bruit de ce duo touchant m'embrouille trop, je supplie l'une des deux de se taire, et j'essaye de distinguer ce que dit l'autre.

On n'a rien exagéré de leur histoire. Ces deux femmes vivaient depuis six ans, soutenant leur mère aveugle, avec un peu moins de 125 francs par an. Ce revenu était formé d'une pension de 50 francs, qui leur était allouée par le Conseil municipal de Saint-Hilaire, et du produit de leur champ : six « bosselées » de terre, ce qui fait soixante ares à peu près.

Mais, depuis la mort du père, il fallait payer un homme pour labourer ce champ; et la cadette m'explique qu'elle payait ce travailleur en élevant pour lui, avec quelques pommes de terre, deux cochons par an. « Sans vous offenser », ajoute-t-elle.

Elles vivaient donc de soupe, d'un peu de laitage, de légumes, et ce qu'elles ne trouvaient pas sur leur terre et ne pouvaient acheter, des voisins un peu moins pauvres qu'elles le leur donnaient.

Leur seule joie était de sentir leur mère infirme à côté d'elles, de pouvoir entourer de soins très doux — à tâtons — cette mourante. Et le lit est vide, à présent.

La mère est morte au moment même où Pierre Loti nous racontait le martyre des trois femmes, et où nous réunissions pour elles une fortune...

Et cette mort, qui eût été pour d'autres une délivrance, allait être pour les sœurs Michaud (nous ignorions cela) une aggravation de douleurs.

Car les « héritiers » sont venus : une sœur, un frère, un neveu. La mère étant morte, on pressait, à présent, les deux malheureuses de s'en aller de la Vermanche, de prendre le chemin de l'hospice! On les sermonnait, on les menaçait presque : est-ce que ce n'était pas de la folie de rester là, toutes seules, sans surveillance et sans soins, dans cette bicoque qu'elles risquaient d'incendier tous les matins, en allumant le feu de leur soupe?

Elles n'ont pas voulu s'en aller. Elles ont supplié qu'on les laissât vivre et mourir là, sur le coin de terre où le père et la mère étaient enterrés, dans la chaumière où leurs mains savent la place des choses, à côté de pauvres gens qui les aiment, et dont elles connaissent les voix. Alors les héritiers ont réclamé leur dû. Et l'on a pu assister à cette chose paradoxale, inouïe, qui semblait impossible entre toutes : un partage successoral chez les sœurs Michaud!!!

La baraque fut estimée 100 francs : elles s'engagèrent à l'acheter (le prix de l'Académie venait de leur être envoyé); on leur laissa également les meubles, moyennant 40 francs qu'elles donnèrent, et qui leur restaient d'un petit héritage ancien. On ouvrit leur armoire, et l'on y prit une partie des hardes de la morte et la moitié du linge. On monta au grenier : il s'y trouvait un quarteron de noix et un petit tas d'oignons. Les héritiers comptèrent les noix et les oignons, et partagèrent. Elles racontent tout cela sans colère, d'une voix unie.

Maintenant les héritiers sont partis, et les revoilà seules dans leur nuit, mais délivrées. Et elles ne pensent plus qu'au bonheur presque trop grand qu'un passant qu'elles ne voient pas leur apporte...

*
* *

Deux heures après, à six kilomètres du hameau de la Vermanche. Le petit village de Saint-Hilaire semble désert, lui aussi, et la porte du presbytère est close. Au moment où j'en soulève le heurtoir, j'entends un appel, joyeusement lancé : « L'envoyé du *Figaro*, hein ? » L'abbé Ducroux est derrière moi, — grand, tout rouge, essoufflé, le front mouillé de sueur, la soutane retroussée sur les souliers pleins de boue. Et les yeux brillent d'émotion derrière le cristal des lunettes. Il a aperçu de loin l'étranger qui frappait à sa porte, et il accourt, riant, la main tendue.

— Vous savez donc la nouvelle, Monsieur le curé ?

— Oui, depuis tout à l'heure. Une de mes paroissiennes, qui est votre abonnée et à qui je rendais visite à l'instant, m'a tout raconté. J'ai lu chez elle vos journaux. Entrez vite, que nous causions. Moi, je ne sais que vous dire. Vous avez des amis admirables, Monsieur ! Je suis stupéfait. Je crois rêver. Je...

Il s'arrête, les larmes aux yeux.

Et nous voilà causant, dans la petite chambre à coucher du prêtre, autour de la table où la servante vient d'apporter une bouteille de vin de Sancerre, un fromage de chèvre et du pain.

— Il faut maintenant, Monsieur le curé, que nous parlions chiffres.

— Parfaitement. Vous savez que les sœurs Michaud ont désiré que le don de l'Académie fût remis entre mes mains. Notre maire m'a remis cette somme, et voici exactement l'emploi que j'en ai fait :

« J'ai payé 9 francs la procuration dont M. Thidet avait besoin pour toucher cet argent (les sœurs Michaud ne pouvant signer aucune pièce) ; je leur ai remis à chacune 30 francs pour les besoins immédiats du ménage, et pour le reste, à savoir 431 francs, je leur ai pris deux livrets à la Caisse d'épargne postale.

« Comptez : 9 plus 60 plus 431 font 500. Et voilà la première partie de leur fortune placée.

— Je vous apporte la seconde, Monsieur le curé ; 1.170 francs.

— En voici le reçu. »

Et l'abbé Ducroux me dit l'emploi qu'il compte faire de cet argent.

Le reliquat du prix de l'Académie — 431 francs — sera prochainement employé aux frais d'achat et de réparation de la chaumière de la Vermanche. On achètera aux deux sœurs aveugles un peu de linge, quelques vêtements, et cette somme de 1.170 francs que les amis du *Figaro* envoient aux sœurs Michaud sera déposée à la Caisse d'épargne, et les fera vivre — très largement — l'année prochaine.

L'abbé Ducroux estime que, même ayant une domestique avec elles, et vivant bien — buvant du vin et mangeant de la viande, ce qui ne leur est pas arrivé depuis plusieurs années, — elles n'épuiseront pas ce capital en un an !

— Et les rentes, Monsieur le curé?...

— Les 1.600 francs de rente que vos amis ont généreusement constitués pour mes protégées deviennent une *réserve* à laquelle elles n'auront sûrement pas à toucher l'an prochain. *Le Figaro* pourrait donc les leur adresser sous la forme d'un titre que je ferais inscrire à leur nom, et qu'il ne leur deviendra nécessaire d'entamer qu'au début de 1900.

« Laissez-moi réfléchir à tout cela ; pour le moment, j'ai tant de joie que cela m'abasourdit un peu. Mais je vous écrirai bientôt. Je vous dirai exactement quel emploi nous avons fait et comptons faire de nos richesses. Vous verrez, nous serons raisonnables. Il y a tant de misères à soulager partout que même les plus pauvres ont le devoir de ne pas demander trop, de ménager — dans l'intérêt des autres pauvres — l'effort de la charité...

« Adieu, Monsieur ; et merci encore ! Merci à tous, à toutes... Que la Providence les bénisse ! »

Et jusqu'au tournant du chemin, j'aperçois M. le curé, toujours riant, les bras levés, dans un geste de victoire[1].

[1] ÉMILE BERR, *Figaro* du 9 décembre 1898.

BONNES GENS DE LA CAMPAGNE

Sans doute, le dévouement n'est pas autre à la campagne qu'à la ville ; là comme ici, il s'agit de se donner, de se donner sans réserve, tout d'une fois ou longuement. Néanmoins, sous cette unité de fond, il revêt, à la campagne, diverses formes qu'il n'a point à la ville, parce que la misère elle-même y est là diversifiée, pourrait-on dire, outre mesure, et que la campagne n'offre pas au dévouement les moyens, la facilité que lui fournit la ville. Le besoin y rend plus ingénieux ; et ingénieux furent les bonnes gens dont nous allons parler.

*
* *

Dans une commune rurale du département du Rhône, à Saint-Étienne-la-Varenne, naissait, en 1802, un enfant qui reçut le nom de Madeleine Saunier[1]. La famille qu'il venait accroître était déjà nombreuse, pauvre et honnête également. Constatons-le, Madeleine Saunier eut des parents estimables, fut pleine de foi, de religion dès son berceau ; mais là se bornèrent pour elle les secours visibles de la

[1] Comte Molé, *Discours sur les prix de vertu*, juin 1842.

Providence, à moins de regarder la carrière que vous lui verrez parcourir comme une de ces saintes missions auxquelles il est d'autant plus permis de croire que jamais ceux qui les ont reçues ou qui les remplissent ne sont tentés de se les attribuer.

Madeleine, dans son enfance, s'était consacrée d'elle-même au soutien de ses jeunes frères et sœurs ; les jeux de son âge ne tenaient aucune place dans sa vie ; mais elle s'était réservé des jouissances qu'elle entourait d'un certain mystère et dont, en particulier, elle avait dérobé la connaissance à ses parents. Emportant chaque jour au champ sa frugale nourriture, elle en distribuait une portion aux pauvres du voisinage et ne leur demandait, en retour, que de lui garder le secret.

Cependant le dévouement, le courage n'empêchent pas la nature d'avoir ses droits ; le développement physique de Madeleine eut à souffrir du peu de nourriture ; elle se livrait à des fatigues qui excédaient ses forces. Des infirmités précoces vinrent l'atteindre, mais ne purent ralentir l'essor de son ardente charité. Devenue plus âgée et plus indépendante, le bien qu'elle fit dépassa les limites de la vraisemblance, je dirai presque du possible.

Ne nous lassons jamais d'admirer cette force, cette puissance surnaturelle que donne l'abnégation de soi-même, l'absolu dévouement. Cet être faible, dont les privations et la misère avaient déjà miné l'existence, franchissait de longues distances pour aller porter ses soins ou le fruit de ses sacrifices à de plus malheureux que ceux qu'elle aurait trouvés auprès d'elle; et, lorsqu'elle avait épuisé toutes ses chétives ressources, lorsqu'elle se voyait en présence de douleurs qu'elle ne pouvait plus soulager, elle s'imposait une tâche plus rude que toutes les autres, celle de fléchir l'insensibilité de l'égoïsme, d'affronter le refus brutal ou

... LA PORTE S'ENTR'OUVRE ET LAISSE APERCEVOIR UN LOUP AFFAMÉ PRÊT A S'ÉLANCER...
(Page 224.)

glacé de l'aisance sans pitié, pour rencontrer parfois quelque sympathie et obtenir quelque moyen de secourir ceux qu'elle avait laissés sans espoir. C'est au chevet des malades que nous verrons briller surtout cette physionomie céleste ; c'est là que, surmontant toutes les répugnances naturelles, dépouillant en quelque sorte toutes les faiblesses de la terre, nous allons la voir centupler ses facultés et ses forces pour consoler ceux qui pleurent, soulager ceux qui souffrent, ou les diriger vers le ciel en les faisant mourir en paix.

Ainsi, pendant quinze ans, elle a fait vivre le nommé Nesme, aveugle, avec sa fille idiote. Chaque jour elle partait et faisait à pied une demi-lieue pour donner à l'aveugle et à sa fille leur nourriture, et, ce qui était plus difficile, le courage d'attendre et de vivre encore jusqu'au lendemain. Messieurs, je l'ai relu et constaté avec soin dans les témoignages qui nous ont été transmis ; quinze ans, pendant lesquels se répètent tous les jours des actes dont un seul suffirait pour embellir, honorer toute une vie ; c'est ce que la religion, la foi en Dieu seule explique, l'humanité n'y suffit pas.

Voulez-vous un autre exemple ? A la même distance de la demeure de Madeleine, au hameau des Grandes-Bruyères, il existait une fille infortunée, couverte d'une lèpre si repoussante que sa famille, hélas ! oui, sa famille, l'avait abandonnée. Reléguée dans une étable, Marie Carrichon n'eut, pendant dix huit mois, que Madeleine pour l'approcher. Un cœur comme celui de Madeleine, il faut le dire, devait battre bien fort à la vue de cet excès de dénûment et de souffrance, à l'idée de cette créature humaine de laquelle toute pitié, toute sympathie s'était retirée. Aussi, deux fois par jour, elle se rendait auprès d'elle, moins encore pour lui porter le peu de nourriture qu'elle pouvait prendre que pour rendre moins douloureuses des plaies qu'elle parvenait ainsi à panser très souvent. Sa vertu reçut ici sa récompense: Marie Carrichon exhala son âme entre les bras de Madeleine, en bénissant ce Dieu que Madeleine lui avait appris elle-même à aimer.

Au mois de novembre 1840, lors des inondations du Rhône, Madeleine faillit périr en traversant un torrent débordé entre Saint-Étienne et le hameau de la Grange-Maçon, où demeurait une autre femme nommée Liottard, à laquelle elle portait des secours quotidiens. On lui reprochait son imprudence : *Que voulez-vous?* répondit-elle, *je n'y étais pas allée hier, je ne pouvais y manquer aujourd'hui.*

Je terminerai par un trait qui surpasse peut-être tous ceux dont cette vie, presque surnaturelle, est remplie. Je l'ai réservé pour le dernier, quoiqu'il ait précédé celui que je viens de raconter.

On était au plus fort de l'hiver rigoureux de 1835 ; Madeleine Saunier avait découvert, au loin, dans la campagne, une femme appelée Mancel, dont la retraite ressemblait plutôt à celle d'une bête fauve qu'à l'asile d'une créature humaine. La femme Mancel, depuis longtemps malade, voyait approcher son dernier moment. Madeleine, assise à son chevet, ne la quittait plus. C'était vers la fin d'une longue nuit ; une neige épaisse couvrait la terre, un vent glacé soufflait et ébranlait les parois où s'abritait tant de misère et de charité. Madeleine, pour combattre le froid mortel qui se joignait à tant d'autres souffrances, avait allumé quelques morceaux de bois vert, qui remplissaient la hutte de fumée et incommodaient d'autant la malade, en proie aux convulsions de la mort, lorsque la porte, fermée seulement par une pierre qui la butait à l'intérieur, s'entr'ouvre et laisse apercevoir un loup affamé prêt à s'élancer sur Madeleine ou à disputer à la mort sa proie. Madeleine, épouvantée, seule, eût pris la fuite ; elle s'élance pour défendre le dépôt que la Providence a placé dans ses mains ; elle tient ferme, repousse, contient la pierre et la porte, rassemble quelques autres obstacles, ne cesse de pousser des cris, qu'elle varie pour que l'animal féroce croie avoir affaire à plusieurs personnes à la fois. Ses forces s'épuisaient. Rassurez-vous, le jour paraît, et le loup s'éloigne. Quelques heures après, la femme Mancel avait cessé d'exister. Vous croyez que Madeleine se tient quitte envers elle et ne songe qu'à regagner son village?... Non. Son respect pour la forme humaine, sa piété envers son semblable ne lui permettent pas d'abandonner ainsi les restes de cette créature dont elle avait longtemps soulagé les souffrances et, tout à l'heure encore, défendu au péril de sa vie les derniers moments. Elle frémit à l'idée du loup revenant dans la chaumière ; elle court au paysan le plus voisin et le supplie de permettre qu'elle dépose chez lui la dépouille de sa pauvre Mancel. Sa prière est exaucée ; aussitôt elle disparaît, charge sur ses épaules le pieux fardeau, et, sa mission providentielle enfin accomplie, tombe à genoux et remercie Dieu d'avoir béni ses efforts. Jugez de son bonheur, Messieurs, lorsqu'elle sut que l'animal contre lequel elle avait héroïquement lutté était revenu la nuit suivante, et que ses pas, imprimés sur la neige et dans la cabane, lui prouvèrent jusqu'à quel point son courage était récompensé[1].

*
* *

Telle est encore Julie-Jeanne Mazade, cette pauvre femme qui est tout à la fois la Sœur de Charité, l'institutrice et la

[1] L'Académie décerna à Madeleine Saunier un prix de 3.000 francs.

providence communes de Bourg-lez-Valence, de Châteauneuf (Drôme) et de celles qui les avoisinent. A peine a-t-elle elle-même de quoi vivre, et elle porte secours à tout le monde. Sa bienfaisance a su se créer des ressources, non pour elle, mais pour les autres. Son humble chaumière s'est transformée en hospice et en salle d'asile[1].

Y a-t-il un malade dans le village, Jeanne va à Valence chercher un médecin. Les médecins ne refusent point Jeanne ; ils viennent ! Pour les soins à prodiguer, pour les nuits à passer, c'est Jeanne qui s'en charge ; et cette charité de tous les instants, ce dévouement constant, infatigable, tout le monde s'en étonne, excepté elle. C'est son droit, c'est son privilège ; tous les malheureux lui appartiennent.

Une nuit, un grand bruit se fait entendre dans le village. C'est une pauvre femme dont le désespoir et la misère ont égaré la raison ; elle est prise d'un accès de folie, de folie furieuse ; elle menace les jours de son mari, de ses enfants, personne n'ose en approcher. — Jeanne, Jeanne, venez !...

Et Jeanne accourt. Ses soins et l'ascendant de sa parole contiennent et calment cette malheureuse insensée, qui bénit Jeanne, comme si elle avait sa raison. Mais ce n'est rien encore : cette femme ne peut rester au village ; elle ne peut y être soignée. Il faut la faire admettre à l'hospice Saint-Alban, près de Grenoble. Mais comment l'y conduire ?

De Bourg-lez-Valence à Grenoble il y a plus de dix-huit lieues. Dix-huit lieues à pied ! car on n'a pas les moyens de voyager autrement ; et à chaque moment les accès de fureur redoublent. L'insensée a tenté d'étrangler son vieux père et a déchiré avec ses dents la joue de sa sœur qui l'embrassait. Comment, pendant dix-huit lieues, lui servir de compagne

[1] SCRIBE, *Discours sur les prix de vertu*, août 1844.

et de guide ? Qui oserait le tenter ? — Moi, dit Jeanne, je partirai. — Et elle part ! Je ne vous parle point de ses jours qu'elle expose ; je vous ai dit qu'ils appartenaient aux malheureux. Mais, pendant ce long voyage, que de soins, que de patience, que de dévouement sublime. On le conçoit pour son père ou pour son enfant ; mais pour un étranger ! Ah ! c'est que, pour Jeanne, il n'y a pas d'étranger : tout ce qui souffre est de sa famille !

Et cette famille s'augmente chaque jour, car la maladie envahit le pays. Il faut du linge, des médicaments, elle les trouvera. Il y a à Valence un homme qui a compris le dévouement de Jeanne et qui est digne de s'associer à ses vertus. Cet homme, dont nous trahirons le nom, c'est le Dr Salette. C'est à lui que Jeanne a recours ; et, forte de ses conseils et de son appui, elle vole au chevet du pauvre et de l'ouvrier. Là, ce sont des maladies longues et pénibles, elle les soigne ; contagieuses, elle les brave ; repoussantes, elle ne les voit pas. La charité ne voit rien... que l'infortune à secourir !

Là, c'est une jeune fille de huit ans, Joséphine Clerfond, atteinte d'un mal au pied tellement grave qu'on juge l'amputation inévitable. Jeanne seule ne désespère point ; elle parcourt tous les jours l'espace d'une lieue pour venir panser la pauvre enfant, dont les parents habitaient une cabane près de l'Isère ; et, quand elle voit enfin son zèle et ses efforts insuffisants contre les progrès du mal, elle songe à sa providence, au Dr Salette, qui seul sauvera sa malade ; mais, pour cela, il faut la conduire près de lui, la lui amener tous les jours ; et le docteur est loin. Il demeure à Valence, et la jeune fille ne peut marcher. Jeanne trouvera encore des moyens de transport. Sa charité est une puissance à laquelle chacun obéit ! Par un impôt volontaire qu'elle vient de créer, tous ceux dans le village qui sont assez riches pour avoir charrette transporteront tour à tour à la ville la jeune fille, que Jeanne escorte et surveille à pied.

Joséphine Clerfond n'est pas la seule à qui Jeanne a servi de mère. Elle avait déjà, depuis longtemps, recueilli et pris à sa charge trois petites filles, appartenant à des familles pauvres et nombreuses, lorsqu'au mois d'octobre dernier un malheureux fermier, poursuivi par des créanciers impitoyables, se jette, dans son désespoir, sous la roue d'une voiture et meurt, laissant une femme et quatre enfants. Jeanne prend les quatre enfants ; elle les élèvera, comment? Dieu y pourvoira ; car sa charité ne s'étend pas seulement sur ces enfants, qui sont devenus les siens, mais sur tous ceux du pays, qui, pendant que leurs parents sont à l'ouvrage, trouvent chez Jeanne un asile, des soins, de l'instruction, et, mieux encore, l'amour de Dieu qu'elle leur enseigne par ses paroles et par son exemple.

Vous vous demanderez, ainsi que nous, Messieurs, comment une pauvre femme, qui n'a d'autre bien que le produit de son aiguille, peut suffire à tant de bienfaits, et comment elle peut vivre. Hélas! c'est à peine si elle vit, et les austérités des plus saints anachorètes n'égalent point les privations qu'elle s'impose.

Un magistrat de Valence, dont j'emprunte le récit, a rencontré dernièrement Jeanne, pâle et se soutenant à peine; non que ce soit une femme qu'aucune douleur morale puisse abattre, mais elle cédait en ce moment à une faiblesse, à un anéantissement physique indépendant de sa volonté et de son courage; et, pressée de questions, elle avoua enfin, avec une émotion qu'elle cherchait de son mieux à surmonter, mais que trahissaient de grosses larmes, qu'*elle n'avait pas de quoi manger !*

— Quoi! vous, Jeanne! qui avez séché tant de pleurs, vous pleurez! Vous qui avez donné du pain à tant de monde, vous n'avez pas de quoi manger ! Ah ! que d'ici à quelque temps, du moins, ce mot cruel ne sorte plus de votre bouche. M. de Montyon avait pensé à vous ; il vous avait dévinée. Recevez ces 3.000 francs qu'il vous envoie. Et vous, pauvres enfants qu'elle a recueillis, malades qu'elle soigne, indigents qu'elle fait vivre, vous voilà riches pour quelques jours ; Jeanne a 3.000 francs.

Ferdinand Livron, lui, est tailleur d'ardoises à Denazé (Mayenne); l'homme est humble, ses œuvres sont admirables[1]. Il adopte un enfant abandonné en nourrice par des parents qui disparaissent ; l'enfant est à demi paralysé, choréique, presque aphasique et ne peut se tenir debout. Dans cet être embryonnaire un seul sentiment subsiste, une tendresse jalouse pour son père nourricier qu'il ne veut pas quitter. Ferdinand Livron ne se soustrait pas à ces exigences; il place le petit idiot dans une brouette et le mène chaque jour jusqu'au chantier où il travaille; là, du moins, il l'a sous les yeux et peut lui donner les soins que réclament ses infirmités. Ce n'est pas tout ; sa belle-sœur est délaissée par un mari ivrogne ; il la recueille, elle et cinq enfants, et comme son gain quotidien ne suffit pas à ces charges multiples, il a contracté des dettes pour ne point faillir au devoir qu'il s'est imposé.

— La veuve Vilatte, de Belvès (Dordogne), a été ruinée par la mort de son mari ; elle gagne environ cinquante centimes par jour à écaler des noix dont les coquilles lui servent de combustible; elle élève sa fille, soigne son beau-père et veille sur sa belle-mère infirme; celle-ci est tellement impotente que, laissée seule un jour, elle ne put

[1] Maxime du Camp, *Discours sur les prix de vertu*, novembre 1885.

chasser une poule qui lui déchiquetait le visage à coups de bec[1].

*
* *

Nous en aurions ainsi à citer des milliers et des milliers de ces bonnes gens, ouvriers, employés obscurs, fillettes qui sont devenues vieilles filles, pour secourir non pas même leurs parents ou leurs proches, mais des étrangers; braves ménages déjà chargés d'enfants et qui ont recueilli avec tendresse des orphelins, des grands-pères, des grand'mères, des vieilles tantes aveugles ou en enfance sénile, et qui ont travaillé avec plus d'acharnement pour faire la vie douce à tout ce monde.

Des ménages, par exemple comme celui des Raunier, qui sont de petits artisans de Lodève. Ils ont passé leur vie, ces Raunier, autant la femme que le mari, à faire du bien, à veiller des malades, à secourir des malheureux. Et la femme, un jour, ne sachant plus que donner, a eu l'idée d'offrir son lait; elle a nourri successivement plusieurs pauvres bébés, qui languissaient parce que la poitrine de leur mère avait été tarie par la souffrance ou la faim...

Et ainsi d'une foule d'autres.

[1] L'Académie donne 500 francs à Ferdinand Livron et à la veuve Vilatte.

SUR LA GRAND'ROUTE

Il est une vertu que l'on croirait à jamais perdue si, parfois, bien qu'à de rares intervalles, on ne la retrouvait en quelque coin. Nous la connaissons tous, quoique nous ne l'ayons jamais peut-être rencontrée : les récits de la Bible et les fictions d'Homère en ont à l'envi entretenu notre enfance : c'est l'hospitalité.

« Chérissez l'hospitalité, dit la Bible ; par elle quelques-uns ont reçu des anges sans les connaître. » — « L'hôte indigent vient de la part de Jupiter, dit le poète, le moindre don qu'on lui fait a son prix. »

Aussi qui ne connaît les merveilles de l'hospitalité antique et les merveilles plus ravissantes encore de la poésie inspirée et profane qui l'a célébrée ? Qui n'a pleuré avec Ulysse naufragé et inconnu à la table d'Alcinoüs ? Qui ne s'est assis à côté d'Abraham, avec les jeunes hommes mystérieux du désert, sous l'ombre du chêne de Mambré ? Quel qu'il soit, cet étranger que l'hospitalité protège, il est le bienvenu sur la terre où nul ne connaît son visage. Nul ne lui demande ni d'où il vient, ni où il va ; seulement, le lendemain, quand il s'est éloigné, souvent un bruit se répand que, sous cette humble apparence, un envoyé céleste était caché, que le seuil où il s'est arrêté garde à jamais l'empreinte bénie de ses pas, tandis qu'il a lancé l'anathème, avec la poussière de ses pieds, contre la demeure de ces gens durs qui ne lui ont ouvert *ni leur logis, ni leur cœur.*

Rien de plus touchant assurément que la vertu de l'hospitalité ainsi comprise, et surtout rien de plus utile dans ces temps où nulle route n'était sûre, où la vie humaine était en proie à mille embûches, et où les héros de toutes les sociétés naissantes étaient les destructeurs de brigands, qui faisaient souvent le métier eux-mêmes tout en le réprimant.

Mais convenez que l'on en conçoit moins de nos jours, soit la possibilité, soit le prix, avec les gendarmes, les passeports, les auberges et surtout les chemins de fer. Quand vous traversez les campagnes, lancés dans l'espace avec le bruit de la foudre et le scintillement de l'éclair, comment seriez-vous les hôtes du villageois qui vous suit d'un œil effaré et que vous n'apercevez même que comme une vision à travers un nuage de fumée? Et enfin, quand cette course effrénée s'arrête et vous dépose pour le sommeil d'une nuit dans quelqu'un de ces bâtiments gigantesques où vous n'êtes qu'un numéro d'ordre perdu dans des milliers d'unités que rien ne distingue de la vôtre, est-ce que le luxe vénal et la pompe anonyme qui vous entourent vous rappellent en rien l'accueil cordial du patriarche et les lambris beaucoup moins dorés du roi des Phéaciens?

Cependant, même de nos jours, même à côté des chemins de fer et en face des grands hôtels, l'hospitalité existe encore quelque part avec la largesse et la simplicité des anciens jours.

***

Si vous le voulez bien, nous voici à Tavers, près de Beau-

[1] CAMILLE ROUSSET, *Discours sur les prix de vertu*, août 1873.

gency, sur la grand'route de Paris à Bordeaux; le chemin de fer ne l'a pas rendue déserte, car il y a encore beaucoup de pauvres voyageurs qui cheminent à pied, la bourse et l'estomac vides. C'est pour eux que s'ouvre à Tavers l'*Hôtellerie de la Charité*. Les époux Lepage ne sont point hôteliers cependant; ils sont vignerons et cultivateurs; mais leur charité est si grande que, dans tout le pays, leur maison est connue sous le beau nom que je viens de dire. Chaque année, après la récolte, les époux Lepage font d'abord la part des pauvres; souvent la récolte tout entière y passe; parfois même elle ne suffit pas, et ce sont les épargnes des bonnes années qui sont sacrifiées pour suppléer ce qui manque. L'amour des pauvres voyageurs est de tradition dans la famille de Mme Lepage; sa mère le lui a légué comme un héritage au lit de mort: « Ne rebutez personne, lui a-t-elle dit, le ciel a toujours béni la charité. Elle n'appauvrit pas ceux qui la font, et Dieu nous en donnera d'ailleurs la récompense. » Fidèle à ce devoir, Mme Lepage, depuis vingt-six ans, n'y a pas manqué un seul jour; c'est par milliers que se comptent les passants dénués de ressources, qui, sous ce toit hospitalier, ont trouvé un abri, du pain, des soins consolateurs et des encouragements.

Un jour, une voiture bourgeoise, attelée de deux bons chevaux, s'arrête devant l'*Hôtellerie de la Charité;* un homme bien vêtu en descend; il entre: « O mes chers bienfaiteurs, s'écrie-t-il, ne me reconnaissez-vous pas? » C'était un ouvrier qui, comme tant d'autres, recueilli pour une nuit dans cet asile, avait, grâce à M. Lepage, trouvé du travail à Beaugency. Probe, intelligent, laborieux, il avait prospéré jusqu'à faire fortune, et c'était lui qui, devenu riche, venait fêter, avec ceux qui l'avaient aidé à sortir de la misère, le souvenir du temps où il avait reçu d'eux l'aumône avec les bons conseils. Je regrette, Messieurs, de ne savoir pas le nom de cet honnête homme, de cet homme de cœur ; j'aurais eu plaisir à le nommer dans ce récit, car la reconnaissance est aussi une vertu, et une vertu bien rare.

M. Lepage est maire de Tavers ; dans le mémoire que nous ont adressé les notables de la commune, il n'a pas voulu qu'il fût fait aucune mention de lui-même. L'Académie comprend ce scrupule d'une conscience délicate; mais elle ne s'y arrête pas ; elle ne veut pas dédoubler en quelque sorte une vertu qui est l'honneur commun d'un couple charitable [1].

*
* *

L'exemple suivant est peut-être plus touchant encore, en ce sens qu'il nous montre une plus grande simplicité d'accueil et une plus noble émulation de dévouement.

Nous le rencontrons de même près de Beaugency, dans la commune de Baule, mais à une époque antérieure.

Un ancien soldat, médaillé de Sainte-Hélène, Jean Laffray, aidé de sa femme Victoire Genty, a consacré depuis

[1] Une médaille de 1.500 francs est décernée aux époux Lepage.

cinquante ans une modeste aisance à se faire l'hôtelier gratuit des pauvres passants[1]. A toute heure, sa demeure est ouverte, et l'ouvrier qui fait son tour de France, l'enfant des montagnes de Savoie ou d'Auvergne qui chemine pour la première fois seul dans le monde, le pauvre ménage que le salaire élevé de la grande industrie a attiré loin de son village natal et que le chômage y renvoie chargé de misère et d'enfants, trouvent sous cet abri, que chacun leur désigne du doigt, le repas du soir et le repos de la nuit. Jean Laffray ne leur demande qu'une chose : à tous le livret qui atteste leurs conditions laborieuses ; à la femme qui se présente au bras d'un homme, la preuve que son union est légitime.

Cet examen fait (et chaque soir Laffray y procède avec la régularité d'un magistrat), la porte s'ouvre, la table est dressée, quinze ou vingt pauvres y prennent place, et lui-même s'asseoit à côté de ses hôtes, mais au dernier rang et en réclamant pour lui le droit de les servir. Le lendemain, il faut bien partir pour faire place à d'autres; mais il est rare qu'on parte sans emporter quelque souvenir de Jean Laffray : c'est une pièce d'argent, un vêtement, pour les enfants un peu de linge blanc qui rafraîchit leurs membres délicats, ou une paire de sabots qui repose leurs petits pieds saignants. Pour ces besoins extraordinaires qui se reproduisent à peu près tous les jours, il y a, dans les armoires de Jean Laffray, des provisions toutes préparées, où il puise sans cesse et qui ne sont jamais épuisées. Sa femme et lui ont fait, pendant trente ans, des distributions de ce genre, presque chaque matin, tantôt ensemble, tantôt à l'insu l'un de l'autre, sans que les dignes époux aient jamais échangé entre eux

[1] Prince DE BROGLIE, *Discours sur les prix de vertu*, juillet 1864.

d'autres reproches que celui ou de n'avoir pas donné assez, ou d'avoir donné sans prévenir et en se réservant pour soi seul le plaisir du bienfait.

... Demeuré veuf depuis dix-huit ans, et n'ayant jamais eu d'enfant, Laffray serait seul sous son toit désolé, si chaque soir ne réunissait autour de lui la famille qu'il s'est créée. Il la voit s'accroître tous les jours avec une fécondité dont il s'applaudit. « Abondance de biens ne nuit pas », dit-il. Mais, frappant exemple de la puissance contagieuse de la vertu, on nous atteste que dans cette maison, ainsi ouverte à tout venant, jamais un mot malsonnant n'a retenti, jamais le moindre objet n'a disparu. Quelques-uns des hôtes se piquent même d'honneur et rapportent ou renvoient les petites avances que Laffray leur a faites ; c'est ainsi qu'il a recu dernièrement de Marseille un mandat de 20 francs, somme prêtée par lui à un pauvre jeune homme. « C'était, a-t-il dit, un prêt fait sur l'éternité ; je n'y comptais pas, Dieu m'enverra bien à qui les prêter encore [1]. »

*
* *

Donner le gîte et le couvert aux passants de la grand'-route, est une vertu peu commune. Moins encore le serait, semble-t-il, celle qui, à cette hospitalité généreuse, joindrait le pansement des plaies et le soin des maladies. Le fait n'est pas inconnu, cependant, puisque, à deux reprises au moins, il a été jugé digne de récompense.

Homère parle quelque part d'un Thrace au cœur débonnaire, qui, possédant de grands biens, avait bâti à dessein son opulente maison au bord d'une route et ouvrait sa

[1] Jean Laffray obtint un prix de 3.000 francs.

porte à tout venant. Hélas! il n'en fut pas moins tué par Diomède[1].

Mme Marie Parra est la fille de cultivateurs du Lot, beaucoup moins riches qu'Axyle, fils de Teuthrane, et habite, près de Saint-Martin-Labouval, une de ces fermes isolées où l'on vient souvent demander un morceau de pain ou un gîte. Elle s'accoutuma de bonne heure à regarder l'hospitalité comme le plus doux, comme le plus sacré des devoirs. Mariée à vingt ans, elle n'en avait que quarante quand son mari quitta ce monde, laissant trois enfants en bas âge et une situation assez embarrassée. Dès ce temps, pour honorer la mémoire du défunt, elle mit plus d'empressement encore à accueillir, à héberger les passants, et sa maison devint un asile. Presque chaque soir deux, quatre, parfois jusqu'à dix voyageurs indigents viennent frapper à la porte; si nombreux qu'ils soient, ils sont sûrs d'avoir le couvert, le coucher et une place à la table de famille. On évalue à douze en moyenne par semaine le nombre des personnes reçues dans cette demeure si hospitalière. Des ouvriers de ville ou de campagne, épuisés par la fatigue ou minés par la maladie, y ont passé plusieurs jours; quelques-uns y sont morts après y être restés près d'un mois et avoir été secourus, consolés par cette excellente femme, qui remplaçait auprès d'eux leur famille absente. Plusieurs étaient phtisiques ou couverts d'ulcères, comme le constate le certificat du Dr Couder, qui depuis vingt ans donne gratuitement ses soins aux malades de la maison Parra. On a surnommé Marie « la Mère des pauvres ». La pauvreté la plus à plaindre est peut-être celle qui voyage[2].

[1] Cherbuliez, *Discours sur les prix de vertu*, novembre 1891.
[2] Mme Marie Parra obtient un des prix Lange de la valeur de 1.000 francs.

*
* *

Avec Pierre Nicole et sa sœur, il semble que nous avancions encore d'un degré dans l'abnégation. Eux, en effet, hospitalisèrent de prime abord les vieux et les vieilles infirmes qui frappaient à leur porte.

Aussi bien voici leur histoire racontée par le cardinal Perraud [1].

Pierre Nicole, âgé de trente-deux ans, et sa sœur Antoinette, qui en a trente-cinq, habitent Vichibure, hameau de la commune de Corcieux, département des Vosges. Ils gardent et cultivent le petit héritage qu'ils tiennent de leurs parents.

Il y a quelques années, un vieillard infirme vint, un soir, frapper à leur porte et demanda d'être hébergé pendant la nuit. Le lendemain, au moment où il allait partir, Pierre dit à sa sœur : « Si nous le gardions ? » Aussitôt dit, aussitôt fait, et le pèlerin de passage devient l'hôte du logis.

La renommée colporte rapidement la nouvelle de cet acte de charité. D'autres malheureux se présentent et sont également admis. Bientôt la maison se trouve pleine. Pour l'agrandir, les propriétaires changent les greniers en dortoirs et y recueillent des enfants abandonnés.

Cependant la place fait quelquefois défaut. Dans ce cas, Pierre cède son lit et couche par terre. Il y a peu de temps, une femme âgée et contrefaite, qui n'avait pu être reçue à l'hospice de Saint-Dié, arriva chez les Nicole. Mais, à ce moment, ils logeaient déjà vingt-quatre personnes. A l'impossible nul n'est tenu. La pauvresse le comprit et se retira. Elle n'avait pas fait une demi-lieue qu'elle se sentit

[1] Perraud, *Discours sur les prix de vertu*, novembre 1889.

ramener par une force invincible, et elle vint renouveler ses supplications. L'importunité de ceux qui manquent de tout est recommandée par l'Évangile. D'ailleurs le premier refus avait tant coûté à Pierre Nicole qu'il n'était guère tenté de récidiver. Ne savait-il pas que l'on dort parfaitement sur une botte de paille? Il donna son lit à la vieille mendiante. Quelques jours après, une des pensionnaires de la maison mourait, et la nouvelle venue prenait sa place.

Dans cet hôtel-dieu improvisé, création de deux simples paysans, le linge, les ustensiles, le repas, tout est commun entre les maîtres de la maison et leurs hôtes. Vrais plagiaires de nos Petites Sœurs des Pauvres, Pierre et Antoinette commencent par servir les autres et mangent les restes. Le curé de Corcieux regarde comme une bénédiction pour sa paroisse les admirables exemples de charité donnés chaque jour par Pierre et par Antoinette. Tout récemment, afin de pouvoir augmenter le nombre de leurs protégés, ils ont décidé d'entreprendre une nouvelle bâtisse qui leur coûtera environ 2.000 francs. Le prix dont nous disposons en leur faveur ne paiera pas la moitié de la construction projetée. Mais il signalera l'œuvre à l'attention de quelqu'un de ces bons riches dont nous parlions tout à l'heure. N'oublions pas que Vichibure touche presque aux nouvelles frontières tracées dans les Vosges par d'impitoyables conquérants. Quelle bonne manière de servir les intérêts de la patrie française, tout près des territoires annexés, que de déployer chez nous toutes les ressources de cette charité dans laquelle l'Apôtre nous montre le principe et le foyer de l'invincible espérance[1].

[1] Le frère et la sœur Nicole ont reçu un prix de 500 francs.

*
* *

Le frère et la sœur Nicole avaient déjà eu un prédécesseur dans Sauquet-Javelot[1].

Sauquet-Javelot (Jean-Baptiste-Philippe), jardinier cultivateur, né à Niort, département des Deux-Sèvres, a élevé sept enfants, auxquels il a partagé sa modeste fortune ; il s'était réservé une petite pension dont il n'exige jamais le payement. Javelot demeure avec deux de ses fils, sourds et muets, et avec une sœur âgée de quarante-sept ans. Une société tacite existe entre ces trois enfants, on met tout en commun ; le père vit sur la société ; à la fin de l'année, les économies sont placées en fonds de terre au profit des enfants.

La plus tendre des vertus chrétiennes, la charité, semble être entrée avec le lait maternel dans le cœur de Sauquet-Javelot. Dès l'âge de sept ans, il réclamait avec chaleur le plaisir de couper et de distribuer lui-même aux pauvres le pain que son père leur faisait donner; l'enfant joignait à la plus précieuse des aumônes cette larme sympathique dont Grey a parlé dans son immortelle élégie sur un cimetière de campagne.

Héritier du plus charitable des hommes, Sauquet-Javelot n'a pas cessé un moment de continuer les œuvres de son père. Depuis quarante années, Sauquet-Javelot reçoit chaque jour le voyageur fatigué, le vieillard indigent, l'ouvrier sans travail, le pauvre qui a faim, la jeune fille dont l'innocence a besoin de protection ; depuis quarante ans, il offre tour à tour aux uns et aux autres un asile, du pain, quelques vêtements et de sages conseils auxquels sa

[1] Tissot, *Discours sur les prix de vertu*, août 1835.

bienveillance ajoute un pouvoir qui pénètre les cœurs. Il est aidé dans ses soins religieux par une fille non moins admirable que lui. Seconde providence des hôtes de la charité de son père, elle fournit à leurs besoins, raccommode leurs haillons, panse leurs plaies, porte les petits enfants pour soulager leurs mères, et veille sur les jeunes filles avec la plus tendre sollicitude.

La maison de Sauquet-Javelot est une espèce de salle d'asile ouverte à toutes les misères humaines, une véritable succursale de l'hospice civil, qui a souvent recours à un simple jardinier quand on manque de place pour les malades. Au dehors, les lieux consacrés aux bonnes œuvres de cet excellent homme n'offrent que des masures irrégulièrement groupées, dont l'aspect n'annonce que le dénûment et l'abandon; vous entrez, et vous trouvez répartis dans diverses salles, sans aucun ornement, mais propres et saines, trente ou quarante pauvres qui bénissent leur bienfaiteur. Sauquet-Javelot ne s'est réservé qu'une ou deux chambres pour laisser plus de place à ses hôtes. On trouve des lits partout, dans les granges, dans les étables; au besoin, Sauquet-Javelot donnerait le sien plutôt que de renvoyer un malheureux. Au reste, il ne se borne point à faire de sa maison la maison des pauvres, il court encore chercher dans la ville et dans la banlieue des larmes à essuyer, des malheurs à secourir : c'est pendant l'hiver surtout qu'il redouble ses soins et ses largesses.

Pour suffire à tant de bienfaisance, Sauquet-Javelot possède trois trésors, où il puise sans cesse, le travail, la modération des désirs et l'économie. L'économie telle que la pratiquent le religieux Sauquet-Javelot et ses pareils, c'est-à-dire l'art de connaître et de régler ses besoins, de faire un bon emploi de ses ressources, d'accroître sagement son avoir, mais surtout de faire largement la part des pauvres, dont les droits sont sacrés, est appelée à jouer désormais un rôle important dans le monde. Transformée en science par le génie de l'humanité, appliquée en grand par les Gouvernements qui veulent vivre et survivre, mais surtout méditée et pratiquée par ceux qui possèdent et qui veulent, avec raison, posséder en sécurité, elle doit exercer la plus heureuse influence sur la tranquillité des États et le bonheur des peuples. C'est là qu'il faut une conjuration de toutes les puissances de la société en industrie, en richesses, en savoir, en lumières : le but de cette conjuration est bien grand. Formée entre les sages, sous les auspices d'une véritable philanthropie, elle a pour but d'améliorer le sort des masses par de sages institutions, par d'habiles combinaisons, par des sacrifices qui sont à la fois des inspirations du cœur, des conseils de la raison, et même d'excellents calculs de l'intérêt prévoyant et éclairé. Il s'agit de tarir à jamais la source empoisonnée de la guerre intestine des riches et des pauvres, qui a bouleversé plus d'un empire. Il s'agit de mûrir et d'achever, avec le concert de toutes les volontés, une révolution dont les immenses bienfaits ne coûteront ni une larme, ni une goutte de sang. Cette révolution est commencée parmi nous; elle marche lentement, mais sûrement ; comme toutes les irrésistibles nécessités, elle triomphera de tous les obstacles; la conduire à son but par le chemin le plus sûr et le plus court est l'œuvre du génie et de la vertu, excités par une passion sublime, l'amour de l'humanité.

La prudente économie et l'ardente charité du modeste Sauquet-Javelot m'ont amené à cet ordre d'idées : permettez-moi, Messieurs, de jeter un dernier regard sur cet homme de bien que la nature avait fait pour être un homme remarquable en tout.

Agé de soixante-douze ans, et pourtant allègre et plein

de vigueur, sans lettres, mais non pas sans lumières dans l'esprit, essentiellement pieux, biblique et comme inspiré dans ses paroles, chéri d'une famille vertueuse qui le regarde comme un oracle, Sauquet-Javelot, le père des pauvres depuis quarante ans, exerce encore sur eux une espèce de sacerdoce moral et religieux : voilà l'homme et la vie que l'Académie française a voulu couronner.

LES VIEUX GROGNARDS

La première des vertus publiques, dit le duc de Noailles, c'est la vertu militaire.

Qui n'admirerait le soldat, simple habitant de la campagne, ou modeste ouvrier des villes, sans ambition, désolé de quitter sa famille, et qui, au bout de quelques jours, secouant son chagrin, trouvant dans ses frères d'armes une famille nouvelle, se transforme par l'esprit de corps, la discipline absolue, la vie dure; puis, quand vient la guerre, par la fatigue et l'âpreté des marches, le manque fréquent de nourriture et de repos, le mépris du danger, l'élan irrésistible, le sacrifice perpétuel de la vie, les exploits admirables, le sentiment dominant de l'honneur! Il porte tout cela avec l'esprit de gaîté française qui ne l'abandonne jamais, et, presque toujours sans avancement, sans profit, sans récompense, restant ignoré et inconnu, il n'a d'autre préoccupation et d'autre jouissance que le sentiment du devoir accompli et la gloire du drapeau!

On n'a pas oublié encore le vieux grognard illustré par Charlet et par Raffet. Robuste, quoique légèrement cassé, à l'aspect rébarbatif, grognon, impossible à épouvanter, facile à émouvoir ou à égayer, à l'occasion un peu tendre. Revenu au village, il est la servante soumise de ses petits enfants et les endort par les récits plus ou moins incohérents et peu variés de ses hauts faits.

Il y a de la débonnaireté du vieux grognard dans le brave Jeannin[1]. On le nomme ainsi communément. Brave, en effet, s'il en fut, dans tous les sens. Il a été un cuirassier imposant de six pieds; devenu l'ordonnance du chef d'escadron d'Aumont en 1852, il le suivit dans la retraite et, lorsque des revers de fortune frappèrent son maître, il s'attacha à lui de l'étreinte du lierre autour de l'arbre foudroyé. Nous avons vu des femmes se viriliser pour suffire à leur tâche; il s'est féminisé pour remplir la sienne, avec cette différence que, seul, il accomplit fort bien ce que souvent plusieurs femmes font très mal. Labo-

[1] Emile Ollivier, *Discours sur les prix de vertu*, novembre 1892.

rieux et adroit, il est, à un degré également recommandable, femme de ménage, cuisinière, couturière, repasseuse. Durant l'enfance des jeunes filles, il était bonne ; doux et patient, il les promenait dans ses bras robustes; plus tard, dame de compagnie édifiante, il les conduisait au catéchisme. Maintenant qu'il a des loisirs, il est, avec une imperturbable égalité d'humeur, la Sœur de Charité du vieux commandant plus qu'octogénaire, cloué sur le lit des goutteux. Le tout depuis vingt-neuf ans et sans gages!

Quelquefois encore, paraît-il, la joie intérieure du désintéressement tient lieu de salaire. De pareilles existences ne sont pas moins méritoires que celle des religieux de la charité; par un certain côté, elles sont plus rudes, car la solidarité monacale et le charme des amitiés du cloître ne les adoucissent pas. Elles ne se sentent pas soutenues par une force collective toujours agissante; quand elles tombent au bout du sillon, personne ne les ramasse, et elles ne sont pas sûres d'entendre autour du lit de la dernière heure la prière des frères agenouillés.

* * *

Notre admiration ne sera pas moindre pour Annet Moulinier[1]. A neuf ans, il entre en service comme pâtre; mais ses gages sont réservés pour ses parents dans la misère.

A vingt ans, il devient soldat. Son capitaine l'ayant pris pour ordonnance, il s'attache à lui, le suit lorsqu'arrive l'âge de la retraite, et, pendant vingt-deux ans, par son travail, ses économies et ses soins, il améliore la situation précaire du vieil officier. Après la mort de celui qu'il appelait son maître, vous croyez qu'il se considère comme

[1] J.-B. Dumas, *Discours sur les prix de vertu*, août 1878.

libéré? Non! Il cherche un emploi, mais c'est pour en mettre le produit à la disposition de sa maîtresse, devenue veuve, et à celle de ses enfants. Cette vie de sacrifice, à laquelle l'Académie accorde une médaille de 500 francs, dure depuis trente et un ans : tous l'admirent; celui qui en donne l'exemple semble seul en ignorer les mérites.

*
* *

Voulez-vous l'histoire du zouave Papillon? Voici comment M. le comte d'Haussonville le présente[1]. L'illustre académicien s'occupe de la difficulté qu'il pourrait y avoir dans le choix de candidats. « Notre règle, c'est d'avoir deux poids et deux mesures, l'une pour les hommes, l'autre pour les femmes. Pour les femmes, nous sommes très difficiles, et nous exigeons des actes de vertu extraordinaires. Pour les hommes, nous sommes beaucoup plus accommodants, et la vertu commune nous suffit.

« Par exemple, que la femme d'un mari devenu aveugle se consacre à le soigner, qu'elle tienne son ménage, élève ses enfants et les fasse vivre avec son salaire, cela nous paraîtrait tout naturel, et nous ne nous y arrêterions même pas. Mais si, au contraire, c'est la femme qui est devenue aveugle, et si c'est le mari qui l'entoure des soins les plus touchants, s'il s'est constitué sa garde-malade et son guide, s'il la supplée dans les soins du ménage, s'il renonce pour lui-même à tous les plaisirs et ne songe qu'à adoucir la destinée de son infortunée compagne, alors cela nous paraît tout simplement admirable, et nous nous extasions.

« C'est l'histoire de Charles Papillon. Papillon est un ancien zouave. Libéré du service militaire, il a repris son métier

[1] Comte d'Haussonville, *Discours sur les prix de vertu*, novembre 1896.

de couvreur ; il a épousé une rempailleuse de chaises, dont il a eu cinq enfants. L'aisance régnait dans le ménage, lorsque la mère est devenue aveugle, en soignant un de ses enfants, atteint d'ophtalmie purulente. Papillon n'a pas hésité. Il a renoncé à son métier lucratif de couvreur et s'est fait rempailleur de chaises à son tour. Ainsi il peut passer ses journées auprès de l'infirme, qui, elle-même, a la douceur de travailler au même métier à côté de lui. Dans ce pauvre ménage, Papillon est devenu à la fois la femme et la mère. L'ancien zouave se fait tour à tour cuisinière, blanchisseuse, repasseuse, bonne d'enfants. Il ne sort jamais que pour aller chercher de l'ouvrage ou pour conduire l'aveugle à la promenade. Et c'est en plein Paris, dans un quartier populeux, au milieu de toutes les tentations qui assiègent l'ouvrier, que Papillon accomplit ces prodiges d'abnégation. Aussi attribuons-nous à ce mari extraordinaire une récompense de 1.000 francs, dont il sera bien étonne, car il considère n'avoir fait que son devoir, et c'est peut-être bien lui qui a raison. »

*
* *

Pour être de date plus ancienne[1], le fait suivant n'en est pas moins méritoire.

Joly est un vétéran des guerres de la République. Habitant de Reischoffen, pauvre, il s'est acquis, ainsi que sa femme, des droits à la vénération générale.

Dans une chaumière voisine de la leur, vivait une femme, sujette à d'horribles convulsions, provenant d'un goître qui lui couvrait la moitié de la poitrine. Cette pauvre malade, délaissée par un mari livré au vice de l'ivrognerie, restait

[1] Tissot, *Discours sur les prix de vertu*, août 1835.

sans soins et sans ressources. Instruits de ce déplorable abandon, Joly et sa femme, exposés eux-mêmes à toutes les privations de la misère, n'hésitèrent pas à partager avec l'infortunée le prix de leur travail journalier. A mesure que ses souffrances devinrent plus intolérables, son infirmité plus hideuse, elle se vit l'objet des soins les plus assidus de ses généreux voisins, qui passaient auprès d'elle tous les instants dérobés au travail et se privaient tous les jours d'une portion de leur nourriture, pour aller la déposer sur son lit de douleur.

Cette femme avait deux enfants, dont l'un (c'était un fils) atteint aussi d'un goître, mais qui s'annonçait d'une nature encore plus dangereuse que celui de sa mère. Une constitution débile, une surdité et un mutisme à peu près absolus, enfin un état presque complet d'idiotisme, faisaient de cet être informe un objet de dégoût et d'horreur. Sa mère l'aimait pourtant.

Quand elle sentit sa fin approcher, elle confia à Joly ses angoisses sur le sort de cette pauvre créature, que ses autres parents repoussaient et dont la commune ne voulait pas se charger. Joly et sa femme consolèrent cette mère désespérée en lui promettant d'adopter son fils. La mourante n'avait pas osé parler d'une fille atteinte du mal héréditaire, et réduite à un état de faiblesse qui la rendait incapable de prêter le plus faible secours aux bienfaiteurs portés à la recueillir. Joly et sa femme, prévenant les vœux de la mère, promirent encore de se charger de sa fille. Rassurée désormais sur le sort des siens, la malade mourut tranquille et résignée.

A l'époque de cette double adoption, Joly et sa femme avaient passé l'un et l'autre l'âge de cinquante ans. Les infirmités augmentaient. Dénués de fortune, ils avaient pour toute propriété une chaumière, composée de deux petites chambres, situées dans un endroit bas et humide, sans cour, sans étable, sans bétail, pas même une chèvre. C'est dans cette habitation à peine suffisante pour eux-mêmes qu'ils se décidèrent à recevoir leurs deux nouveaux hôtes. C'est là que l'existence de ces deux infortunés a été conservée par la vertu de deux anges de patience, de courage et de bonté.

Le frère parvint bientôt, comme on l'avait prévu, à l'état de crétinisme le plus repoussant; la sœur fut réduite par l'accroissement de son goître à un état d'immobilité presque complète, seul moyen d'éviter la suffocation. Mais, du moins, elle n'a pas perdu l'usage de ses facultés intellectuelles et morales; elle sait aimer les bienfaiteurs qui lui ont conservé l'existence et leur donner, par ses prières, la seule récompense qui soit en son pouvoir; aussi inspire-t-elle la plus tendre pitié. Il n'en est pas de même du frère; hideux à l'aspect, exigeant avec violence ce que la pauvreté de Joly ne peut donner, sujet à des accès soudains d'une colère extrême, il menace sa sœur et leurs hôtes. Quand il souffre et que ses étouffements augmentent, il brise les meubles de la pauvre chaumière; il devient si furieux quelquefois que les voisins, accourus au bruit de ses emportements, invitent Joly à réprimer tant de méchanceté; mais le vieux soldat répond toujours : « Dieu l'a châtié plus que je ne le saurais faire », et alors il se contente d'empêcher le furieux de battre sa propre sœur et sa mère adoptive.

Pour céder son lit au malheureux idiot, Joly couche à terre ; sa femme ne dort qu'à moitié pour être toujours prête à secourir le malheureux infirme. Les nuits sont affreuses ; vaincu par l'excès des plus cruelles douleurs, l'idiot entre en des convulsions de désespoir et pousse des cris horribles. Quelquefois il se cramponne après la vieille pauvre femme, sa seconde mère, et l'étouffe dans ses étreintes,

Au milieu de cet enfer de douleurs, de cris et de violences continuelles, peut-on assez admirer la vigilance, la pitié tendre et profonde, le dévouement héroïque des deux vieillards? Endurer la faim, le froid, se priver de tout, supporter le spectacle des maux les plus dégoûtants, travailler le jour, passer les nuits presque sans sommeil, voilà leur sort affreux et volontaire depuis dix-huit années. Cependant ils le supportent avec patience et sans jamais se plaindre. Ils acceptent même, comme une épreuve de la vertu, l'espèce de mépris et d'humiliation que l'aversion générale du pays pour le crétinisme répand sur les personnes que leur pitié détermine à vivre dans le commerce de cette odieuse infirmité.

Joly et sa femme auront bientôt atteint l'un et l'autre l'âge de soixante-dix ans; des travaux multipliés, le long et pénible exercice des plus difficiles vertus, ont usé leurs forces. Bientôt, peut-être, ce qui leur en reste s'épuisera dans les fatigues et les privations auxquelles les condamnent les besoins toujours croissants de leurs enfants adoptifs; ils voient leur fin approcher sans la craindre; mais ils savent qu'aussitôt leurs yeux fermés ces malheureux resteront dans un effrayant abandon. Cette seule pensée remplit leurs jours d'amertume et empoisonne ce bonheur tranquille et pur que la conscience des bonnes œuvres donne à ceux qui les font.

Ah! si saint Vincent de Paul vivait parmi nous, je vous le demande, Messieurs, n'irait-il pas faire un pèlerinage au pays qui possède Joly et sa femme, visiter leur chaumière et les bénir au nom de la religion et de l'humanité!

Le vieux soldat de Jemmapes et de Fleurus, Joly, devenu, dans sa chaumière, un héros d'humanité, reçoit aujourd'hui la récompense, et non pas le salaire de ses services militaires et de ses vertus d'homme; mais, soyez certains,

Messieurs, et j'en atteste leur vie entière, que sa vertueuse compagne et lui ne verront dans cette honorable récompense qu'un secours envoyé à leurs enfants adoptifs et un moyen de les empêcher de périr de faim après la mort de leurs bienfaiteurs.

*
* *

Ce n'est pas encore un vieux grognard que le sergent Triplon, infirmier-major à l'hôpital militaire de Marseille. Il n'a que quarante-deux ans; mais il est digne de figurer dans notre galerie des soldats dévoués. Déjà mis deux fois à l'ordre du jour de l'armée, une première fois en 1837, dans la division d'Oran, pour son intrépide dévouement dans un incendie; une seconde fois en 1844, pour avoir donné l'exemple du plus grand courage dans l'expédition de Tébessa; décoré enfin de l'Ordre de la Légion d'honneur, en 1849, pour son zèle et son abnégation au milieu du choléra qui désola Marseille, ce brave sous-officier devait se distinguer encore davantage en 1854, lorsque, cette année-là, l'inflexible fléau vint de nouveau frapper de terreur toute la population marseillaise[1]. Trente infirmiers avaient succombé dans leur service de l'hôpital, et, parmi

[1] Duc de Noailles, *Discours sur les prix de vertu*, août 1855.

ceux qui restaient, plusieurs, effrayés de la contagion et du hideux spectacle qui s'amoncelait sous leurs yeux, n'osaient plus toucher aux malades; quelques-uns même avaient fui. L'intrépide Triplon resta inébranlable à son poste : il faut moins de courage, Messieurs, pour le garder devant l'ennemi. Triplon fit tous les offices à la fois; il plaçait lui-même les malades dans leur lit, les soignait de ses propres mains, allait de l'un à l'autre, les consolait et les encourageait par d'affectueuses et fermes paroles, se multipliait dans les salles, faisant plus que son devoir, se permettant à peine quelques heures de sommeil, représentant enfin une vraie Sœur de Charité sous l'habit du soldat.

Non seulement ses paroles, aussi bien que ses soins, relevèrent l'énergie des malades, dont un grand nombre lui durent le salut; mais son exemple réveilla celle de ses camarades et leur fit retrouver le courage. Il songeait à tout, jusqu'à prendre auprès des malades, la plupart soldats de passage, tous les renseignements qui pourraient constater leur identité, s'il leur arrivait malheur, sachant bien tous les inconvénients qui résultent pour les familles du défaut de ces renseignements. Enfin il était regardé comme la providence de l'hôpital, et les soldats qui guérissaient allaient tous lui demander la permission de l'embrasser. Près de succomber lui-même, et lorsque ses chefs, avertis par les médecins, voulurent lui faire prendre du repos et l'éloigner momentanément du danger, il s'y refusa, ne se trouvant pas assez malade, et répondant, avec une simplicité héroïque, qu'en certains moments il fallait évidemment sacrifier sa vie pour sauver ses semblables.

Cette belle conduite, soutenue pendant trois mois au milieu d'un découragement presque universel, a frappé d'admiration tous les chefs de Triplon. Tous, jusqu'au général commandant la division et au ministre de la Guerre, nous l'ont recommandé avec insistance. Ce prix sera une juste récompense de son zèle, un encouragement aux jeunes infirmiers et, pour l'Académie elle-même, la satisfaction de proclamer une fois de plus que tous les genres de dévouement se rencontrent dans notre brave armée.

*
* *

Terminons sur le gendarme, qui, lui aussi, à sa façon, est un vieux grognard.

François Coppée, le poète des humbles, en parle ainsi :

« Les vertus de famille sont pour le gendarme un besoin et une habitude. Dans le mélange singulier de vie de caserne et de ménage qui constitue son existence, entre son brigadier et son cheval, sa femme et ses enfants, il prend facilement le parti d'être le modèle des époux et des pères, comme il est celui des soldats. Le gendarme célibataire est une exception.

Voyez ces maisons régulières et propres comme un uniforme, qui s'alignent sous le drapeau, à la lisière des villages. Au fond de la cour, dans l'écurie, sonne le piaffement des chevaux ; à la porte, en blouse de toile et en képi, le gendarme, revenu de la « correspondance », astique son harnachement ou sa buffleterie, et, autour de lui, jouent des enfants, beaucoup d'enfants. La dépopulation de la France n'est pas son fait ; au contraire, la femme et l'enfant du gendarme ont leur physionomie. Ils sont propres, bien tenus, ils ont quelque chose de la rectitude et de l'élégance militaires ; ils reçoivent, dans la mesure de leur sexe ou de leur âge, cette empreinte que donne le « métier ». Donc nous voyons bien le gendarme époux et père, nous ne le voyons même que comme cela. Il est plus difficile de nous imaginer cet homme mûr comme soutien de vieux parents. Sa solde n'est pas forte. S'il peut entretenir une famille, comment pourrait-il suffire à deux, celle d'où il sort et celle qu'il crée ?

C'est pourtant ce qu'a fait Dominique-André Suzzoni, maréchal des logis, à Avapessa (Corse). Depuis 1858, il a été le fidèle soutien de son père. Ce père est très pauvre ; il a trois enfants à élever, et la situation devient un jour si pénible que le fils aîné, qui a déjà vingt-quatre ans, prend une résolution héroïque. A cette époque, le remplacement militaire existait encore. Suzzoni, selon l'énergique expression des casernes, vend sa peau pour 1.200 francs et part en laissant ce petit capital à sa famille, sans en détourner un écu. Plus tard le père est atteint de rhumatismes, puis de cécité complète. Son fils cadet l'abandonne. Deux filles, qui lui restent, lui sont plutôt une charge qu'un soulagement. Mais l'aîné, soldat d'élite, est devenu gendarme ; il veille toujours de loin sur le vieillard. A force de privations et par des merveilles d'économie, il envoie de temps à autre au pays des sommes dont le chiffre étonne, 200 francs, 300 francs, et, grâce à cet excellent fils, l'aveugle, qui est mort l'année dernière, à l'âge de soixante-dix-neuf ans, n'a jamais été dans le besoin.

Chaque année, soit l'Académie, soit la *Société d'Encouragement au bien*, soit toutes deux, récompensent dans un ou plusieurs gendarmes ces vertus domestiques qui s'allient si bien en eux aux vertus militaires.

Et ils sont nombreux. Tel ce soldat de la garde républicaine resté veuf « qui, pour subvenir aux frais de l'éducation de ses enfants, s'est fait le blanchisseur de ses camarades. » La *Société d'Encouragement au bien* lui a décerné une de ses récompenses.

L'ACTION MORALE

Il y a d'autres manières de sauver ses semblables que de les disputer à l'incendie, à l'inondation, à la roue et aux dents d'une machine. L'action morale si douce, si pacifique, a ses modèles d'héroïsme autant que l'action audacieuse qui brave la mort en face.

*
* *

Voyez, par exemple, cette sainte fille nommée Marie-Antoinette-Thérèse Quilliard[1]. Née dans une condition très humble, elle a sacrifié son petit patrimoine, son petit capital et sa vie entière au service des jeunes filles indigentes. Seule, sans appuis, presque sans ressources, elle s'est choisi une famille parmi les abandonnées qui ont souffert comme elle. Une même souffrance, c'est un lien de parenté pour cette belle âme. Elle n'est plus seule désormais, voilà ses sœurs, voilà ses filles ; elle les nourrit, les loge, les élève ; elle leur donne une profession et les suit dans le chemin de la vie.

Où se passent ces choses? à Paris. Et depuis combien de temps? depuis quarante-cinq années.

[1] SAINT-RENÉ TAILLANDIER, *Discours sur les prix de vertu*, novembre 1876.

En 1872, le président du Conseil municipal, M. Vautrain, écrivait au secrétaire général de la préfecture de la Seine : « Voici une sainte fille, véritable saint Vincent de Paul féminin, qui va être poursuivie pour le payement de ses impôts. Elle ne peut pas les payer maintenant, tant elle a reçu d'enfants pensionnaires gratuites. Que pouvez-vous faire ! » Ce qu'on pouvait faire, on le fit courtoisement et cordialement ; mais n'y a-t-il pas toute une révélation dans cette requête si expressive ? Un saint Vincent de Paul entravé dans son œuvre par les exigences de la loi commune, et protégé tout aussitôt, protégé, autant que la loi le permet, par le premier représentant de la grande cité

Il y avait longtemps, du reste, que Mlle Quilliard était accoutumée à de telles crises. C'est en 1831 que l'asile-ouvroir Sainte-Marie a été fondé par elle dans une maison de la rue de Béthune. Vingt-quatre ans après, par suite d'une expropriation, elle est forcée de se transporter ailleurs. Elle trouve à louer, rue Saint-Jacques, une vieille maison abandonnée depuis trois ans où elle ne peut installer ses petites pensionnaires qu'après des réparations très coûteuses. Rien ne l'effraye ; rue Saint-Jacques comme rue de Béthune, elle pourvoit à tout. Le modeste avoir que lui ont laissé ses parents est déjà complètement épuisé, le travail y suppléera : le travail, l'ordre, l'économie, l'appel à la charité publique et privée en faveur de ses orphelines, l'aident à renouveler incessamment ses ressources. C'est une belle chose que la prévoyance, et pourtant, en de telles conditions, à regarder devant soi, le plus fort se troublerait ; Mlle Quilliard se dit simplement : « A chaque jour suffit sa peine », et cette peine, cette difficulté de chaque jour, chaque jour elle en triomphe, heureuse, le soir, d'avoir surmonté l'obstacle et résolue à recommencer le lendemain.

Voilà quarante-cinq ans que la noble fille accomplit cette

tâche; avais-je tort tout à l'heure de vous parler de courage et d'intrépidité? Vous devinez ce qui l'a soutenue dans ce continuel labeur, c'est la foi en la Providence, c'est aussi la vue de ces pauvres délaissées qui comptent sur elle. Quand elle quitta la rue de Béthune en 1854, elle avait fait vivre, elle avait nourri de son pain et de son cœur les enfants de deux mille familles. Calculez depuis vingt-deux ans le chiffre qui s'ajoute à celui-là; chaque année, à l'ouvroir Sainte-Marie, les plus avancées de ces jeunes filles cèdent leur place à de plus jeunes. C'est une recrue qui ne s'arrête pas. En vérité, en lisant de telles choses, on est comme reporté au temps des récits miraculeux, on pense à la multiplication des pains. Il est vrai que nos grandes administrations, le ministère de l'Intérieur, le ministère de l'Instruction publique, la préfecture de la Seine, sont venues plus d'une fois en aide à Mlle Quilliard; le miracle ici, c'est la persévérance d'une bonté que rien ne lasse, d'une charité qui se renouvelle et s'accroît avec les nécessités de la misère[1].

*
* *

A Marie Quilliard il faut joindre Mlle Rault[2].

Née aux environs de Saint-Brieuc, élevée à Nantes par les Sœurs de la Sagesse, elles les a quittées, à vingt ans, pour commencer aussitôt et poursuivre jusqu'à ce jour, pendant plus de trente années, une admirable carrière de bienfaisance.

Il semble qu'avant d'accomplir sa plus belle œuvre, son cœur, j'allais dire son génie, se soit progressivement essayé à tous les genres de dévouement. Elle débute par la profession d'institutrice où elle excelle, comme en témoignent les

[1] Mlle Quilliard eut de l'Académie un prix de 2.000 francs.

[2] Sully-Prudhomme, *Discours sur les prix de vertu*, novembre 1888.

touchants regrets de ses élèves et de leurs parents, lorsque, en 1865, elle se sent obligée de se rendre à Paris pour surveiller une jeune sœur. Il faut, dès son arrivée, qu'elle s'assure des moyens d'existence.

Obéissant à ses généreux instincts, elle se fait garde-malade, et le salaire pour elle est bien moins le pain gagné que le soulagement des maux d'autrui ; elle a même fini par soigner gratuitement les pauvres, sans autre objet que la charité, comme on fait de l'art pour l'art. Mais déjà les misères de l'âme tentent sa vaillante douceur. Elle se consacre à la régénération morale des malheureuses filles repenties. Après huit ans d'utile persévérance, ses forces seules trahissent sa tâche; elle se retire épuisée. Mais pouvait-elle renoncer aux joies du sacrifice? Elle trouve sur son chemin une petite bossue; sa tendre pitié l'adopte et ne la cède plus qu'à la mort. Toute détresse devient l'heureuse proie de son ardente charité. Un jour, par une aumône à rendre jaloux saint Martin, elle se dépouille de ses propres effets pour qu'une servante indigente les engage au Mont-de-Piété. Nous devons la connaissance de ce trait à la pieuse indiscrétion d'un vénérable prêtre qui, dans l'intérêt même de la dernière œuvre qu'elle a fondée, a dû se faire le confesseur adroit de sa modestie et lui surprendre l'aveu de quelques-unes de ses bonnes actions, dissimulées comme des péchés.

Enfin nous touchons au chef-d'œuvre de son active bienfaisance.

Qui de nous n'a été obsédé par la mendicité silencieuse ou machinalement plaintive de ces petites filles déguenillées offrant une fleur au passant, dont l'aumône est parfois plus périlleuse encore pour elles que les mauvais traitements de parents exigeants et barbares ? Mlle Rault s'est donné pour mission de recueillir ces malheureuses et de les sauver.

Elle y a réussi depuis deux ans pour une dizaine d'entre elles, dont la plus jeune a sept ans et l'aînée quinze. Elle leur enseigne d'abord l'oubli de leur passé en feignant de l'oublier elle-même, et, dans son logement exigu de la rue Servandoni, leur donne le viatique du travail et de l'éducation. Elle leur apprend sa modeste industrie, la confection des parapluies, et elle est obligée de prendre sur son sommeil pour restituer à cette industrie peu lucrative le temps consacré aux leçons et à l'apprentissage.

Considérez l'extrême difficulté de son entreprise. Elle ne compte que sur ses propres ressources ; elle a sacrifié ses économies jusqu'à son dernier titre de rente, vendu pour ne pas repousser une enfant suppliante qui s'était, pendant une nuit entière, étendue sous la pluie en travers de sa porte. Elle couche par terre, elle a cédé son lit et trouvé le secret de faire la classe à ses dix écolières avec une seule petite table pour tout mobilier scolaire.

Quelle fête ce fut, un jour, pour ces pauvres fillettes, d'avoir pu, en amassant des sous gagnés à faire des commissions, offrir à celle qu'elles appellent leur mère le régal extraordinaire d'un litre de lait ! Vous pouvez juger à cette débauche de ce que doit être l'habituel menu des repas. On vit pourtant, et la menace la plus redoutable pour cette famille improvisée, ce n'est pas celle de la faim, c'est la réclamation toujours imminente des vrais parents ; car ils n'ont pas tous renoncé à l'exploitation fructueuse de leurs enfants. Ils épient l'heure où ils feront valoir leurs droits avec le plus d'avantage, et Mlle Rault doit souvent leur payer la rançon de sa charité, trop heureuse quand elle ne se voit pas arracher brutalement son élève au moment où elle achevait de la conquérir à la vie honnête et laborieuse.

Une petite saltimbanque, sauvée par elle de la misère et de la dépravation, vient d'être impérieusement redemandée par son père ; elle allait faire, cette année-ci, sa première communion ; sa conversion au bien, à force de patiente habileté, était accomplie. Rien n'a pu la soustraire au supplice d'un brusque retour vers l'existence odieuse dont elle se croyait délivrée. Ah ! pauvre créature ! le cœur éclate d'indignation douloureuse au spectacle d'une aussi cruelle vicissitude. Mais, à ce prix, du moins, nous pouvons contempler la beauté du parfait désintéressement ; car Mlle Rault, dans son œuvre toujours en péril, ne trouve de pleine satisfaction et d'entière sécurité que pour sa conscience. Elle a mérité, certes, par son héroïque, ingénieuse et féconde vertu, par la portée morale de son exemple, le plus haut témoignage d'estime de l'Académie.

*
* *

Si nous allons jamais à Vacin (Meuse), nous rencontrerons peut-être encore certain aveugle dont tout le monde, au moins, nous parlera, et qui exerce sur tout ce qui l'entoure un ascendant comparable à celui d'un patriarche sur sa famille[1].

C'est un ancien ouvrier métallurgiste, un tréfileur, Emmanuel Gremillet, à qui son travail dans les usines avait brûlé les yeux. Ayant entièrement perdu la vue à l'âge de trente-sept ans, il se retira avec sa femme et ses deux enfants dans le village où il avait passé sa première jeunesse, et cet homme, qui n'y voit plus, parvint à gagner sa vie en fabriquant des ouvrages en fil de fer : paniers, coupes, corbeilles, croix, flambeaux, qui font, paraît-il, autant d'honneur à son goût qu'à la merveilleuse dextérité de ses doigts.

Dans ses moments perdus, il compose des vers et des

[1] CHERBULIEZ, *Discours sur les prix de vertu*, novembre 1891.

récits que tout Vacin veut entendre. Il n'est point de fêtes de famille, point de noces où il ne soit prié. Dès qu'il sort de chez lui, les enfants, l'accompagnant en troupe, se disputent la gloire de lui donner la main pour le conduire. Quand les jeunes filles, presque toutes brodeuses, se rassemblent pour travailler en commun soit autour d'un grand feu, soit au bord d'un ruisseau qui court au milieu de la rue du village, il s'en trouve toujours une pour aller chercher Gremillet. Le dimanche, les garçons viennent le relancer chez lui, et, s'il

fait beau, ils l'emmènent dans la forêt, et tous lui disent : « Racontez-nous une de ces histoires que vous contez si bien. »

Je ne sais si Gremillet est un grand poète, et ce n'est point à ce titre qu'il a obtenu de vous un prix de 1.500 francs sur la fondation Honoré de Sussy. Les grands poètes chantent comme les oiseaux, et, quand les oiseaux chantent, c'est pour se faire plaisir ; ils prêchent rarement ; ils se soucient peu de moraliser les buissons et les bois. Pour l'aède de Vacin, tout au contraire, la morale est l'essentiel. Il désire qu'en l'écoutant les jeunes filles deviennent plus modestes et moins coquettes, les jeunes gens plus réglés dans leur conduite, que tous apprennent à aimer la France comme elle mérite d'être aimée. L'autorité dont jouit le vieil aveugle est vraiment singulière. Il s'est attiré tant de respect par la droiture, par l'intégrité de son caractère que, dans les discussions d'intérêts, on le prend presque toujours pour arbitre et que ses jugements sont sans appel. On assure que, depuis vingt-cinq ans qu'il est rentré dans son village, les mœurs sont plus douces, les ménages plus unis, les querelles et les procès infiniment rares. Ceci ressemble à un conte de fées. Je n'ai fait pourtant que transcrire presque mot par mot les termes d'une attestation signée de tous les habitants de la commune, auxquels Mme Holmès-Moët, propriétaire à Void, près Vacin, a prêté sa plume. Je conclus de là que, si les vilaines histoires ne sont quelquefois qu'à moitié vraies, les contes de fées ne sont pas toujours des mensonges.

TABLE

Tours

IMPRIMERIE DESLIS FRÈRES

6, rue Gambetta

www.ingramcontent.com/pod-product-compliance
Ingram Content Group UK Ltd.
Pitfield, Milton Keynes, MK11 3LW, UK
UKHW022051260726
13993UKWH00001B/36

9 782019 930561